若者タウンミーティング

位和夫

JN022144

日本共産党中央委員会出版局

日本共産党東京都委員会主催で、２０２３年11月18日に行われた「若者タウンミーティングｗｉｔｈ志位和夫」で、日本共産党の志位和夫委員長が語った内容を加筆・補正されたものです。司会は、２０２１年総選挙で東京24区候補だった吉川ほのかさんと、東京都北多摩中部地区青年・学生オーガナイザーの中村直貴さんです。

あわせて、志位和夫委員長が11月24日に日本民主青年同盟の第47回全国大会で行った連帯あいさつの全文を収録しています。

目次

〝三つの魅力〟を輝かせ、さらに大きな前進を

若者タウンミーティング with 志位和夫

吉川ほのか　みなさん、こんにちは。若者タウンミーティングにご参加いただきありがとうございます。本日司会をつとめます私は、前回、衆院選挙で東京24区から立候補いたしました、吉川ほのかと申します。どうぞよろしくお願いいたします。

中村直貴　同じく司会をつとめます、日本共産党北多摩中部地区委員会で青年オーガナイザーをしています、中村直貴と申します。よろしくお願いいたします。そして、今日のメインゲストを紹介いたします。日本共産党委員長の志位和夫さんです。志位さん、今日はよろしくお願いいたします。

志位和夫　みなさん、こんにちは。がんばってお話ししますので楽しんでお聞きください。最後までよろしくお願いいたします。

吉川　初めに、本日の流れを紹介します。今日のタウンミーティングは2部構成になっています。第1部は、志位委員長へのQ＆Aです。今日にむけて10代から30代の若い世代のみなさんに、志位さんへの質問を募りました。40以上のたくさんの質問を寄せていただきました。まずは寄せられた質問の中から、志位委員長に時間の許す限りでお答えいただきたいと思います。そのなかで私たちからも追加の質問をさせていただきたいと思います。

また、会場のみなさんからの質問も受け付けます。短い時間でできるだけたくさんの質問に答え

参加者の質問に志位和夫委員長が答えながら交流する「若者タウンミーティング with志位和夫」＝2023年11月18日、党本部

ていただきたいと思いますので、質問カード形式で行っていきます。お手元に質問カードをお配りしています。途中、休憩を設けますので、質問のある方は記入し、休憩時間にスタッフまでお持ちください。

ＹｏｕＴｕｂｅでの配信は第１部までとなります。第２部はグループトークです。ＹｏｕＴｕｂｅを視聴していらっしゃるみなさんにも、各会場でグループトークをすすめていただきたいと思います。

それでは、さっそく、志位委員長へのＱ＆Ａに移っていきたいと思います。志位さん、よろしくお願いします。

Q1　ガザの事態に胸が痛みます。どうすればやめさせられるでしょうか？

吉川　1問目です。「ガザで起きていることに胸が痛みます。どうすればやめさせられるでしょうか。私たちに何ができるでしょうか」。

志位　たしかに今の事態というのは、たいへんに深刻です。私は、この問題の打開を願って、11月6日に声明を出しまして、この間、アメリカ政府、パレスチナ自治政府、日本政府などに要請の活動を行ってまいりました。それを踏まえてお話しさせていただきたいと思います。

どんな理由があってもガザでのジェノサイドを許してはならない

志位　まず私が、訴えたいのは、どんな理由があってもガザでのジェノサイド（集団殺害）を許してはならないということです。

イスラエルの攻撃よる死者は1万1千人を超え、その4割は罪のない子どもです。難民キャンプへの攻撃に続いて、病院が次々と攻撃されています。WHO（世界保健機関）がその状況を告発していますけれども、空爆と病院に対する燃料の遮断などによって、ガザの36の病院のうち22が機能停止に追い込まれています。赤ちゃんが次々と亡くなる。多くのお年寄りが亡くなる。けが人が亡くなる。病院が子どもたちの墓場になっている。これが現状であります。（発言で紹介している数字は、11月18日時点のもので、犠牲者の数は

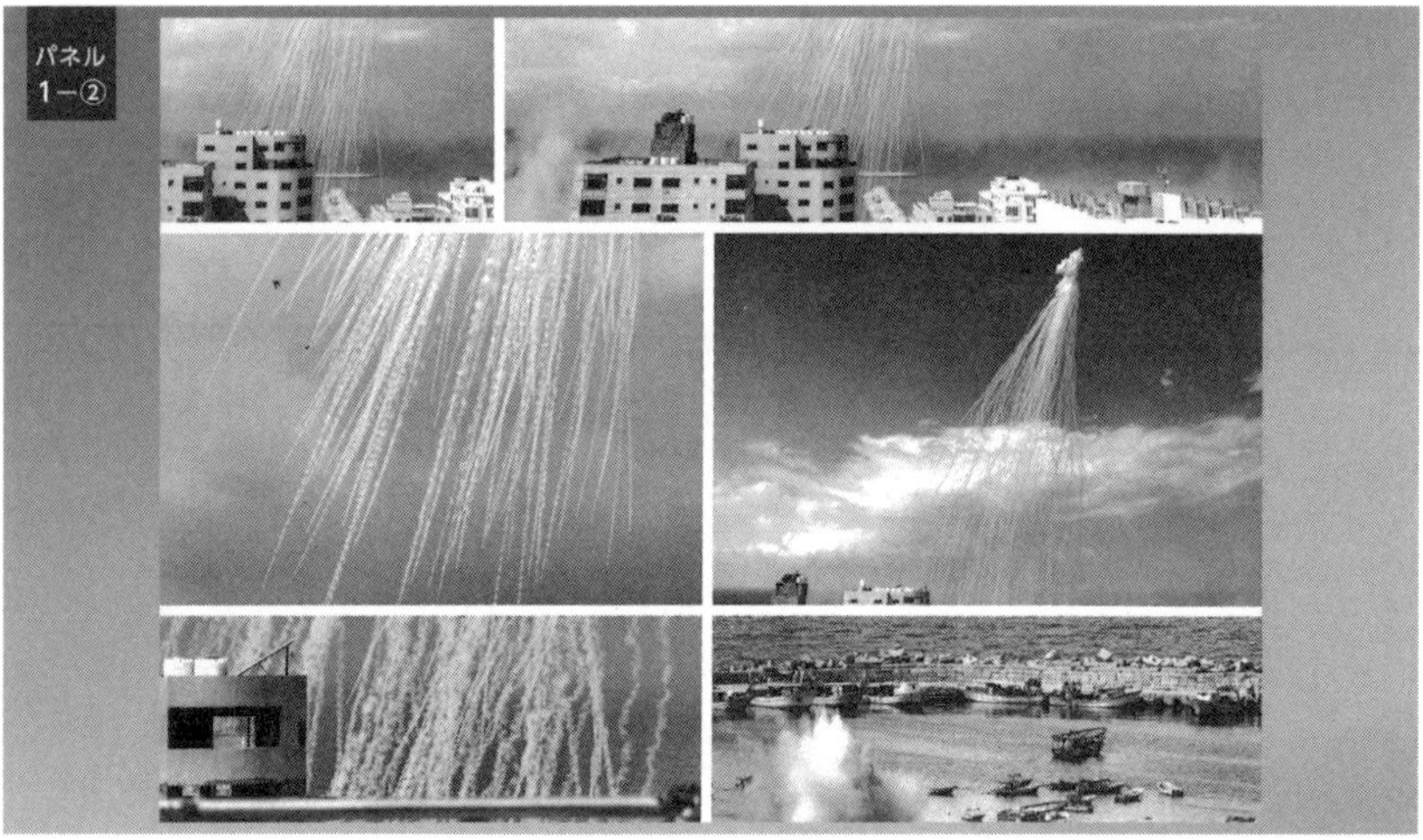

その後も増え続けています）

　私は11月16日、駐日パレスチナ常駐総代表部のワリード・シアム大使と会談する機会がありました。パネルをご覧ください（**パネル1**）。シアム大使はたくさんの写真と資料を持ってきてくれました。ガザの凄惨な非人道的な惨害を切々と訴えられました。美しいガザの街並みががれきの山になった。イスラエルによって白リン弾と

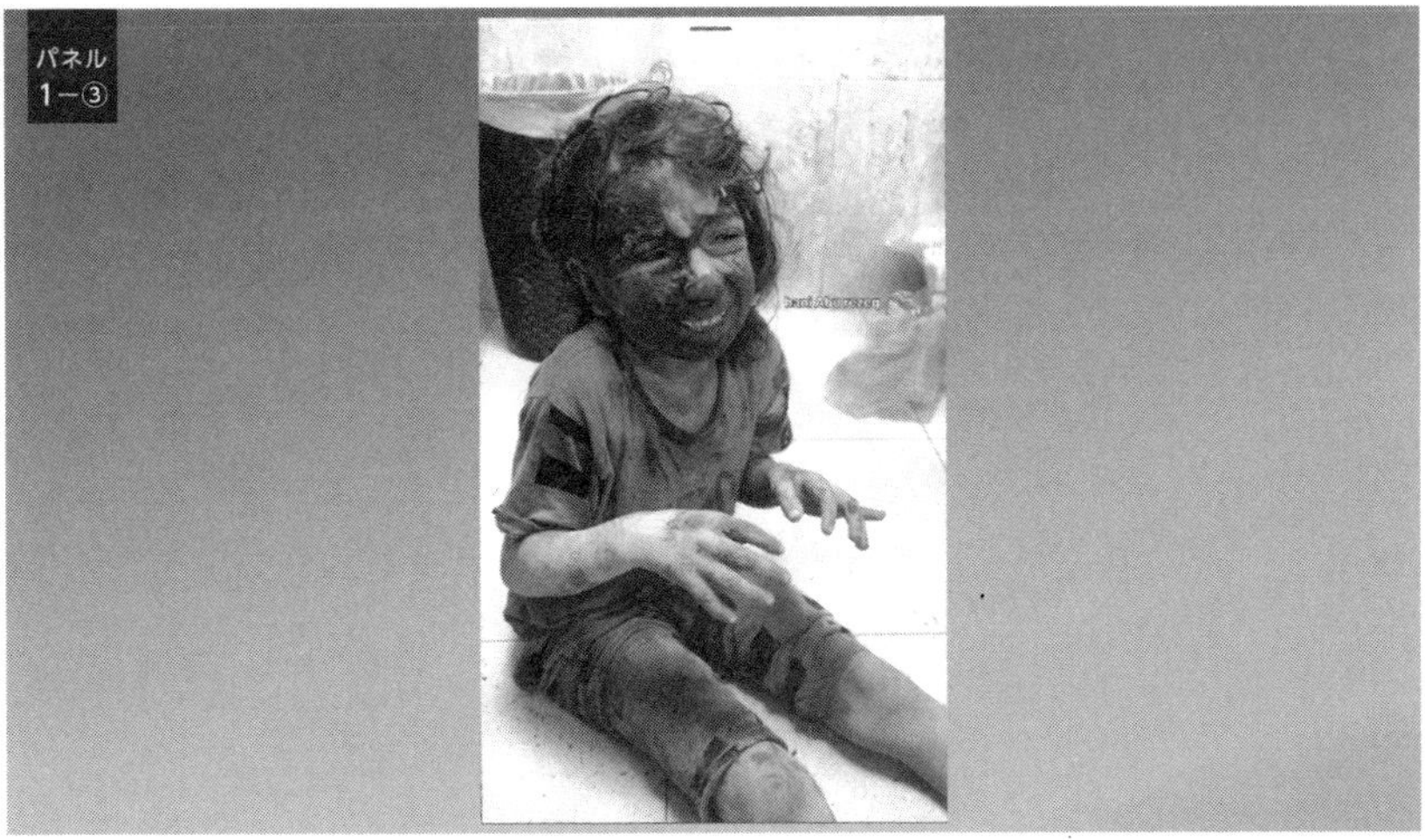

パネル
1―③

いう残虐兵器が投下され、子どもが大きな傷を負っています。皮膚が真っ黒に焼けてしまう残虐兵器です。白リン弾は、使用自体が国際法違反とされているものです。

そもそも戦争というのは、やってはならないものですけれども、そのうえでいま強調しなければならないことは、どんな戦争にもルールがあるということです。難民キャンプや病院や民間人を対象にした攻撃はやってはならない。これは国際人道法で定められているルールです。今、行われていることは、明らかに国際人道法に反する戦争犯罪です。さらに言えば、１９４８年につくられたジェノサイド禁止条約というものがあります。ホロコースト（ナチス・ドイツによるユダヤ人虐殺）の経験を踏まえてつくられた条約で、ジェノサイド（集団殺害）を厳しく禁止している条約です。今ガザでやられていることは、ジェノサイドそのものだと、私は、強く批判しなければなりません。

ですから、まずみなさんに訴えたいのは、どんな理由をもってしても、ジェノサイドを許してはならない。「ストップ・ジェノサイド・イン・ガザ」、この声をあげましょう。このことを言いたいと思います。

いま起こっている危機の歴史的背景と、根本的な解決の方向について

吉川　ほんとうに「ジェノサイド許すな」という声を、私も上げていきたいと思います。一方で、ハマスが無差別攻撃を行っている。人質を取っているっていうことも許せないと思うのですが、これについてはどうお考えですか。

志位　たしかにハマスが無差別攻撃を行って人質を取っている。これも国際法違反の無法行為で、私たちは強く非難をしています。人質の即時釈放を求めています。

パレスチナの大使とお会いしたときにも、「現在の問題点の中心はイスラエルによるジェノサイドにあるが、ハマスは即時に人質を解放すべきだ。それはパレスチナの大義を守り、イスラエルの無法を批判する国際世論をさらに高めるうえでも大切だ」と話しました。大使は「その通りです」と言って、パレスチナ自治政府としてもハマスに働きかけ、人質解放のための努力をしていると応じました。

同時に、この問題は、歴史的背景を見ることがもう一つ大事なことなのです。

パネルをご覧ください（**パネル２**）。イスラエルは１９６７年以来、ヨルダン川の西岸とガザ地区を占領下におきました。そして、ヨルダン川西岸に対しては、どんどん住民を強制的に追い出して、入植地を拡大した。今では見てください。パレスチナの人々は――。

吉川　バラバラですね。

志位　そうです。バラバラにされ、点在している。これがヨルダン川西岸です。ガザに対してどうしたかといいますと、２００７年以来、完全封鎖をやっています。壁を作って、人々を閉じ込め

パネル2

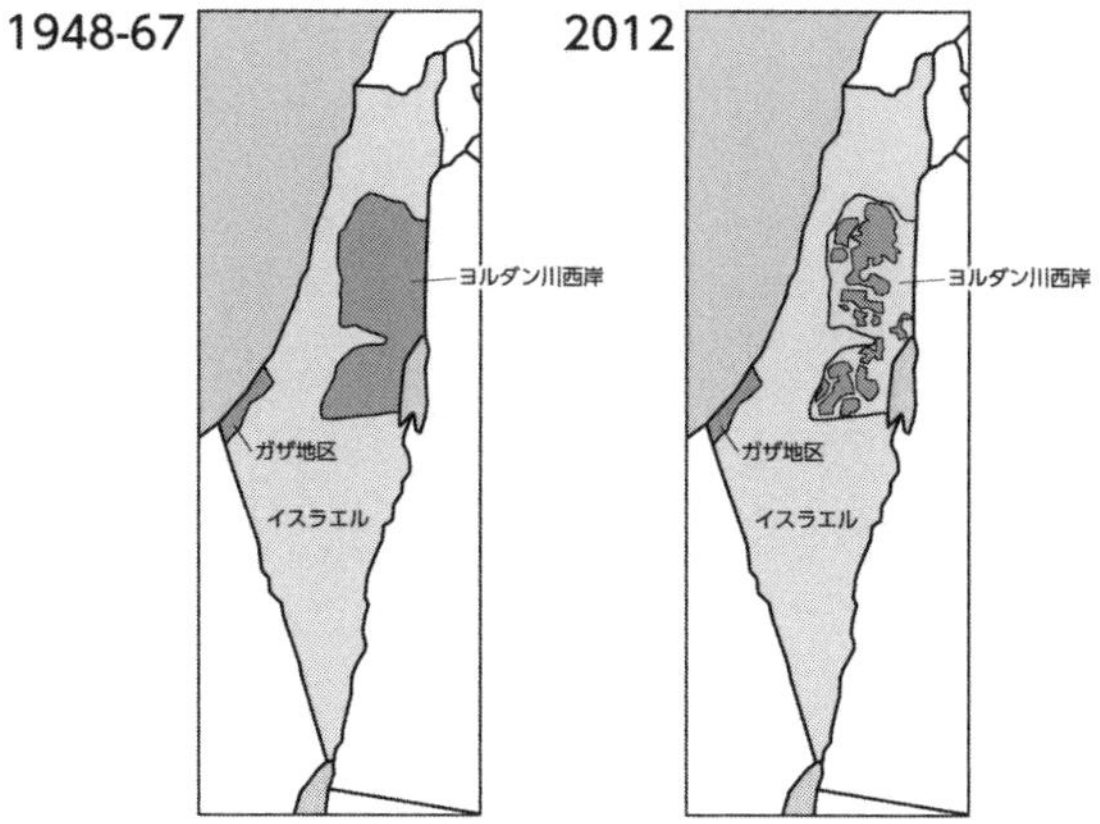

て、外に出られなくしている。ガザは「天井のない監獄」と言われています。そして自由勝手に空爆をやる。逮捕をする。これをやってきたのがイスラエルなのです。そういう、国連憲章と国連の決定に背く無法行為をイスラエルがやってきたという歴史的背景を見る必要があります。

中東問題を解決するためには、三つの原則が大切です。一つは、イスラエルが占領地から撤退すること。二つは、パレスチナの独立国家樹立を認めること。三つは、イスラエルとパレスチナが相互に生存権を承認し合うことです。この三つの原則の方向でこそ、中東問題の解決ができるというのが、私たちの一貫した立場です。ぜひともこの方向に進むように力をつくしたいと考えているところです。

日本共産党の声明と行動——圧倒的な国際世論で包囲しよう

吉川　生存権を承認しあうというのは非常に大

事だと思いました。どうすれば命を救えるのだろうかと、多くの人が考えていると思うんですけれども、どうしたら命を救って平和をつくることができるでしょうか。

志位　私たちがやるべきことは、「ガザでのジェノサイドを許すな」「即時停戦を」という圧倒的な国際世論をつくること。ここに尽きると思います。

パネルをご覧ください（**パネル3**）。日本共産党は11月6日、「ガザでのジェノサイドを許すな」と題する声明を発表しました。「イスラエルはガザ攻撃を即時中止すること」「双方は、即時停戦のための交渉のテーブルにつくこと」――この二つの実現へ各国政府と国際機関が緊急の行動をとることを要請するものです。私たちは、この声明を持って、この間、各国政府に要請する活動をやってきました。私自身は、在日大使館を通じてアメリカ政府、パレスチナ自治政府、日本政府に対しては上川陽子外務大臣と会談して要請しました。さらにエジプト大使、イラン大使、イラク大使、イスラエル大使に対して、わが党の国会議員が手分けして、要請活動をやってきました。

私は、アメリカ政府に対しても要請を行いました。一昨日（11月16日）のことですが、アメリカ大使館の一等書記官と、国会内で会談し、米国政府に対する要請を行いました。なかなかアメリカとは意見が合いませんけれども、率直な批判もやりました。先方に対して、私はこう伝えました。

「アメリカは、人類で初めて偉大な人権宣言（独立宣言、1776年）を世界に発した国ではないですか。その精神に立ったら、イスラエルがいまやっていることは看過できないはずです。イスラエルに大きな影響力をもっているアメリカこそ、いま動くべきではないですか」。

アメリカにたいして、こういう要請をきっぱりと正面からやっているのは、日本共産党だけではないかと思います。

昨日（11月17日）は上川外務大臣と会談して、

パネル3

声明

ガザでのジェノサイドを許すな
――ガザ攻撃中止と即時停戦にむけての各国政府への要請

2023年11月6日

- イスラエルは、ガザ攻撃を即時中止すること。
- 双方は、即時停戦のための交渉のテーブルにつくこと。少なくとも人道的休戦を求めた10月27日の国連総会決議を順守した行動をとること。

日本政府に対してもこの二つの要請を行いました。上川大臣の態度は、率直にいって大きな問題がありました。イスラエルの行っていることを国際法違反と認めようとしません。停戦を求めるとも決して口にしませんでした。情けないことです。これはアメリカの顔色をうかがう態度と言わなければなりません。前の日にあったアメリカ政府と同じことを日本政府が言う。アメリカいいなりの態度と言わなければなりません。

日本の世論と運動の力で、日本政府の姿勢を変えることが大切です。世界の動きを見ますと、大きな流れでいえば、国際世論が、無法者を包囲しつつあるということが言えます。10月27日、人道的休戦を求めた国連総会決議が、加盟193カ国のうち121の国が賛成して採択されました（日本は棄権）。11月15日には、国連安全保障理事会で、人道的戦闘中断を求める決議が採択されました（日本は賛成）。国連安保理として、この問題では初めての決議の採択です。とうとうアメリカ

も反対（拒否権行使）できなくなってきた。国際世論がずいぶん追い詰めてきているのです。(注)

（注）その後、12月12日、即時の人道的停戦を要求する国連総会決議が、賛成153、全加盟国の8割という圧倒的多数で採択されました。

ですからここは、圧倒的な国際世論で包囲していくことです。「ストップ・ジェノサイド」の声を広げ、「子どもたちを殺すな」という声を広げ、人道的危機を打開していきたい。どうか力を合わせて声をあげつづけましょう。若いみなさんが、大いに先頭に立って声をあげてほしいということを、心から訴えるものです。

中村　志位さん、ありがとうございます。本当にひどい状況が続いていて心を痛めています。何とか世論をつくっていきたいと強く思いました。

Q2 中国の軍事力に対抗する手段を持たなくて大丈夫？ 仲良くやっていくことはできる？

中村 次の質問に移りたいと思います。「中国が軍事力を強めていますが、これに対抗する手段を持たなくて大丈夫なのでしょうか。中国と仲良くやっていくことはできるのでしょうか」という質問が寄せられています。ぜひご回答をよろしくお願いします。

「抑止」の本質は「恐怖」――「抑止」で平和をつくるのは幻想

志位 中国が軍事力を強めていることへの心配の声はよくわかります。ただそういうときに、日本も軍拡でこたえるということやったらどうなるか、ということをよく考える必要があると思うんです。

岸田首相は、大軍拡を進めるさいに、「日米同盟の抑止力が平和を守る」と、「抑止力」という言葉を使いますでしょう。この「抑止力」という言葉がくせ者なんです。これはいったいどういう意味か。「抑止」というのは、日本語では、「抑」えて「止」めるとありますから、なにか守りの戦略のように見えますでしょう。しかしそんな生やさしいものではありません。

「抑止」は英語では「デターランス（Ｄｅｔｅｒｒｅｎｃｅ）」になります。「デターランス」とはどういう意味か。「オックスフォード英語辞典」という大きな辞典があるんですが、それを引きますとこう書いてある。「抑止」とは、「恐怖によって（相手を）思いとどまらせること」だと。相手を「恐怖」で脅しつけ押さえつけることが「抑止」なんだと書いてある。「恐怖」こそが「抑止」の本質なのです。日本が「恐怖」で構えたら、相手はどうするでしょうか。吉川さん、あなたの場合はどうしますか。

吉川　対抗します。

志位　そうなりますよね。こちらが「恐怖」で構えれば、相手も「恐怖」で対抗する。「恐怖対恐怖」の悪循環、「軍事対軍事」の悪循環になってしまう。そうしますと、日本を守るために軍事力を強めたと思ったのだけど、逆に日本を危険にさらしてしまう。これを「安全保障のジレンマ」といいます。ですから、この「抑止力」という言葉を、疑ってかかってほしい。「抑止」で平和はつくれない。「抑止」で平和をつくるというのは幻想だということを、まず言いたいと思います。

「安心」を与える外交で平和を――日中両国関係の前向きの打開のための「提言」

志位　それではどうするか。相手に「恐怖」ではなく「安心」を与えよう。「安心」を与える外交で平和をつくろう。これが私たちの考えなんです。そのための素晴らしいものを私たちは持っているじゃないですか。日本国憲法第９条です。憲法９条を使って、周辺の国ぐに、アジアと世界の国ぐにに「安心」を与える外交こそ大切です。中国に対しても、相手は軍拡ならこっちも軍拡だと構えるのではなくて、外交の力でいかに平和と友好の関係をつくっていくかが知恵の出しどころだと思うんですよ。

日本共産党は、２０２３年３月30日、日中両国政府に対して、「日中両国関係の前向きの打開のために」の「提言」を行いました。パネルをご覧ください（**パネル４**）。「提言」を作成するにあたって、私たちがやった作業は、過去の日中両国

パネル 4

日中両国関係の前向きの打開のための提言
――「3つの共通の土台」を生かす

1 「互いに協力パートナーであり、互いの脅威とならない」(2008年・共同声明)

2 「尖閣諸島等東シナ海の緊張状態を対話と協議をつうじて解決」(2014年)

3 「ASEANインド太平洋構想」(AOIP・2019年)に賛同

政府の合意文書をすべて調べて、そのなかから大事なものを抜き出すという作業でした。さらに両国の外交政策のなかでの重要な一致点を抜き出しました。そうすると次の3点で太いところでの「共通の土台」があることが浮き彫りになってきました。

第1は、2008年の日中首脳会談の「共同声明」で「双方は、互いに協力のパートナーであり、互いの脅威とならない」と合意していることです。

第2は、2014年の日中合意で、「尖閣諸島等東シナ海の海域において近年緊張状態が生じていること」について、日中が「異なる見解を有している」と認識し、「対話と協議」を通じて問題を解決すると確認していることです。

第3に、日中両国が参加する東アジアの平和の枠組みとしては、ASEAN（東南アジア諸国連合）が提唱している「ASEANインド太平洋構想（AOIP）」に日中双方が賛意を表明していることです。
これらの3つの点で「共通の土台」がある。それならば「共通の土台」を生かして、外交によって現状を打開し、前に進む必要があるのではないか。こういう提案をしたんです。私は、「提言」を、日中両国政府に対して直接届けました。日本は岸田文雄首相（3月30日）、中国は呉江浩駐日大使（5月4日）と会談しました。

吉川　どういう反応だったのですか。

志位　双方とも肯定的な受け止めを表明しました。「互いに脅威とならない」「ASEANインド太平洋構想（AOIP）」などについて、「その通りだ」「賛成する」ということを日中双方とも認めました。

そうであるならば、それを具体化する外交努力が必要です。たとえば「互いに脅威とならない」という合意が重要と認めるなら、日中双方が互いに脅威になることをやるべきではありません。たとえば日本の岸田政権が、中国を仮想敵と見立てて長射程のミサイルを配備し、大軍拡をやる。これはやるべきじゃない。一方、中国の方も、東シナ海や南シナ海で力ずくで現状変更をやろうという動きをしている。これもやるべきじゃない。「脅威とならない」という約束をしているのだから、それを具体化する外交努力こそ必要になってきます。

吉川　希望が見えてきますね。

志位　こういう打開の方策があるということを、ぜひ知っていただきたいと思います。

「ASEANインド太平洋構想」（AOIP）と日本共産党の「外交ビジョン」

中村　今のお話のなかで、「提言」の3項目目にもありますが、共産党が、ASEANが提唱する、「ASEANインド太平洋構想（AOIP）」を重視していることについて、ぜひ聞かせていただけたらと思います。

志位　日本共産党は、1990年代の終わりごろから、ＡＳＥＡＮの国ぐにを何度も訪問してきたのですが、訪問するたびに驚くんです。すごい平和の激流が起こっていると。

東南アジアの地域というのは、かつてはベトナム戦争をやっていました。ベトナム戦争のときにお互いに対立し、殺し合っていた。そういう地域が、今ではすっかり平和の共同体になって、戦争の心配がない地域になっている。これはすごいことです。

どうしてこんな変化が起こったのか。10年前になるんですが、２０１３年にインドネシアを訪問したさいに、ジャカルタにあるＡＳＥＡＮの事務局に行って、「ＡＳＥＡＮの成功の秘訣は何ですか」と聞いたのです。返ってきた答えは、「話し合いを続けることです」というものでした。ＡＳＥＡＮでは、武力行使の禁止、紛争の平和的解決などをさだめた東南アジア友好協力条約（ＴＡＣ、１９７６年）にもとづいて、域内で年間１０００回もの会合をやっているとのことでした。１０００回と言ったら、平均で1日3～4回になりますね。年から年中、いろいろなレベルの会合をやっている。そうなりますと相互理解と信頼醸成が進みます。紛争が起こっても戦争になりません。そういう積み重ねを50年やってきて、気がついてみたら平和の共同体に変わっていた。これがＡＳＥＡＮで起こったことなのです。

ＡＳＥＡＮがすごいところは、そういう努力を域外――ＡＳＥＡＮの外にも広げる努力をやっていることなんです。次のパネルを見てください（**パネル5**）。その最新の到達点が、２０１９年にＡＳＥＡＮ首脳会議で採択された「ＡＳＥＡＮインド太平洋構想（ＡＯＩＰ）」です。この構想は、ＡＳＥＡＮ10カ国プラス８カ国（日本、中国、アメリカ、韓国、ロシア、オーストラリア、ニュージーランド、インド）でつくっている東アジアサミット（ＥＡＳ）という枠組み――毎年首脳会談を行っている枠組みを発展させていって、ゆくゆくはインド太平洋規模での友好協力条約を

パネル5

「ASEANインド太平洋構想」(AOIP)

展望し、東アジアの全体をＡＳＥＡＮのような戦争の心配のない平和な地域にしていこうという構想なんです。

今年（２０２３年）９月にインドネシアで開催された東アジアサミットの首脳声明では、「ＡＳＥＡＮインド太平洋構想（ＡＯＩＰ）を主流化し実践するＡＳＥＡＮのとりくみを支持する」ことが明記されました。つまりＡＯＩＰは、ＡＳＥＡＮだけの構想にとどまらずに、東アジアサミットに参加する18カ国の共同の構想になっている。日本も賛成している。中国もアメリカも賛成している。

こういう劇的な平和への流れが進展するなかで、２０２２年1月、日本共産党は、新春の「党旗びらき」で、東アジアに平和をつくる「外交ビジョン」を提唱しました。いま日本政府が進むべき道は、敵基地攻撃能力保有と大軍拡などという物騒な道ではない。ＡＳＥＡＮと協力して、ＡＯＩＰの実現を共通の目標に据えて、外交によって東アジアを戦争の心配のない地域にすることだ。こういう「外交ビジョン」を日本共産党として提唱し、国の内外でその実現のために力をつくしてきました。この提案は、軍事同盟のように、特定の国を敵視・排除する排他的なアプローチをとらず、地域に関係するすべての国を包み込む包摂的なアプローチをとっていることが、とくに大切なところです。

11月1日、インドネシア大使と会談して、「外交ビジョン」の実現をめざす日本共産党の内外での活動を紹介したところ、大使は「たいへんうれしくうかがいました」と応じました。ASEANの国ぐにとの協力も強めながら、こういう平和の希望を広げていく活動に力をつくしたいと思います。

大軍拡に対する平和の対案はしっかりあるということにみんなで確信をもって、この道を一緒に進もうじゃないかということを呼びかけたいと思います。

Q3 学費が高すぎる、給料も安すぎる、どうやったらこんな社会を変えられるのか？

吉川　ありがとうございます。質問は、平和の分野以外でも、経済の分野でも寄せられていま す。続いて三つ目の質問に移ります。給料も安すぎます。「学費があまりにも高すぎます。給料も安すぎます。どうやったらこんな社会を変えられるのでしょうか」。

学生が直面する二重の困難——学費が高すぎる、最低賃金が低すぎる

志位　私は、先日、東北の学生のみなさんの「集い」に参加して、本当に驚いたのは、学生のみなさんのあまりに深刻な実態です。そこに参加された方は5人だったのですが、1人の女子学生が、「高い学費を払うために私は深夜バイトをしています」と。もう1人の大学1年生の女子学生は、「私は徹夜バイトをやっています。徹夜あけでここに来ました」と。「どうして深夜バイトや徹夜バイトをやっているの」と聞きますと、「最低賃金が低すぎる。だから少しでも割高になる深夜バイト、徹夜バイトをしている」ということでした。「授業はどうですか」と聞きましたら、「眠くて大変です」と。それはそうですよね。たいへんに衝撃を受けました。

私は、今の学生というのは二重の意味で深刻な困難に直面していると思います。

第一は、学費が高すぎて、奨学金が貧しすぎるという問題です。パネルをご覧ください（**パネル**

パネル6

大学授業料と公的補助（奨学金）水準の高低による4つのモデル

1 低授業料・高補助	**2 低授業料・低補助**
フィンランド、ノルウェー スウェーデン、デンマーク	オーストリア、ベルギー、フランス ドイツ、イタリア、スペイン、スイス
3 高授業料・高補助	**4 高授業料・低補助**
オーストラリア、ニュージーランド アメリカ、チリ、イングランド（イギリス） リトアニア	日本、韓国

6）。ＯＥＣＤ（経済協力開発機構）は、加盟各国を、大学の授業料と公的な補助（奨学金）の水準の高低による４つのモデルに分類しています。パネルはその分類にもとづいて、私が作成した図表です。

ヨーロッパのほとんどの国は「低授業料・高補助」か「低授業料・低補助」です。「低授業料」というのは、多くの場合には学費無償、もしくはあっても少ないということです。いくつかの国は「高授業料」とあるけれど、そういう国では「高補助」で奨学金が充実している。「高授業料・低補助」、これが一番悪いですね。

中村　厳しいですね。

志位　「高授業料・低補助」の分類に入るのは日本と韓国となってきます。韓国と比べても日本の方がひどいですから、日本は世界でいちばん学生を粗末にしている国だと言っても過言ではないと思います。

そのうえ、学生は卒業したら奨学金返済という借金を背負わされる。この30年間で借金の総額は7倍になって10兆円にもなった。10兆円も借金をさせられた。

私は、先日、国会の代表質問で、「学生を深夜バイト、徹夜バイトに駆り立てて、大学を卒業したら10兆円もの借金を背負わせる。こんな政治がまともな政治と言えますか」と岸田首相にただしました。岸田首相は、さすがに「まともな国です」とは言えませんけれども、（学費を）「下げる」とは言わない。

日本共産党は、大学の学費は無償をめざして緊急に半分にする。入学金のような、大学に入らなくても払わなければならない不合理な制度をもっているのは日本だけですから、これは廃止する。奨学金は給付制に切り替える。そして奨学金を現に返している方は、半分は免除する。こういう提案をしております。軍事費にお金を使うより、未来を担う若者にこそ大切な税金を使うべきではないでしょうか。

第二の問題は、最低賃金が低すぎる、賃金が上がらないという問題です。

パネルをご覧ください（**パネル7**）。これは最低賃金の国際比較です。日本は全国加重平均で時給1004円。ドイツは1923円、イギリスは1875円、フランスは1785円ですから、日本は欧州諸国の5割から6割程度です。

働く人の賃金は、1996年をピークに実質賃金が減り続けて、年64万円も減っている。最低賃金が低すぎる。実質賃金が減り続ける。こうしたもとで、お父さんやお母さんからの仕送りもなかなかままならない。この両方で、徹夜バイト、深夜バイトに追い込まれているというのが実態だと思うんです。

政治の責任で賃金を上げなくちゃなりません。最低賃金をただちに1500円に上げる。そのための中小企業支援が必要です。大企業の内部留保が膨れ上がっています。アベノミクスでどんどん膨れ上がった、その増加分に時限的に税金をかけ

パネル
7

主要国の最低賃金

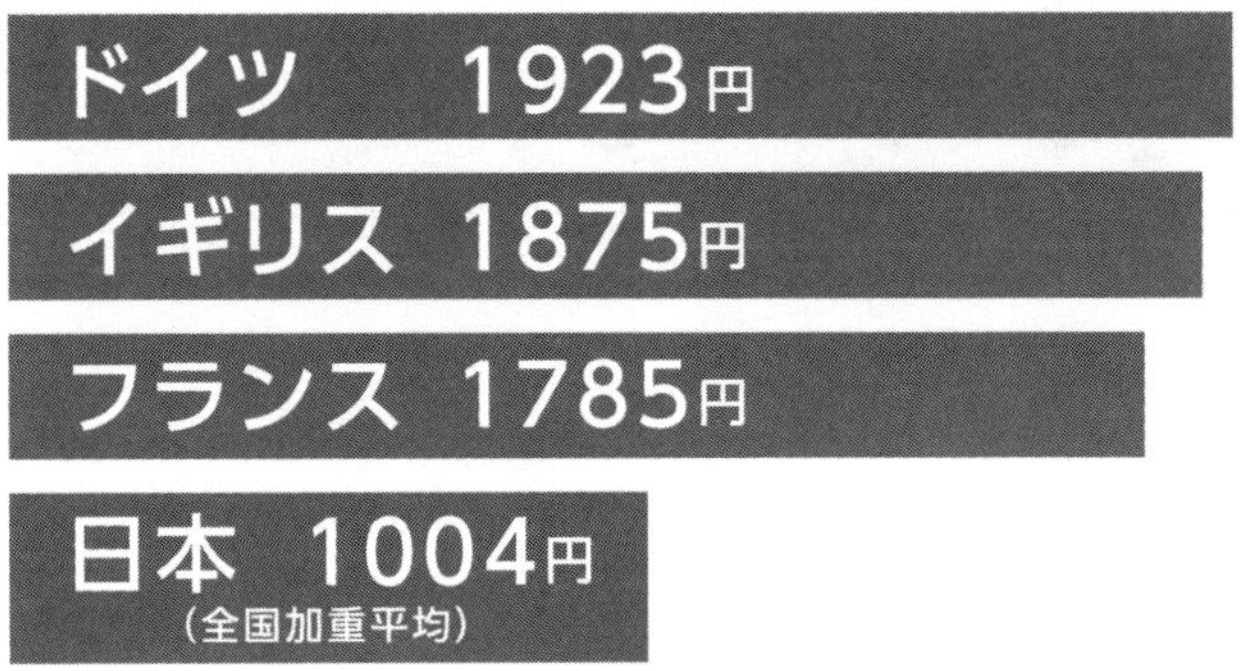

て、10兆円ほどの財源をつくって、中小企業の賃上げ支援にあてる。課税のさいに、賃金を上げた大企業には適切な控除をもうける。こういう政策を実行して、大企業で働く方も中小企業で働く方も賃上げを進めようという提案をしております。ぜひこれは実るまで頑張りたいと思います。一緒に頑張っていきましょう。

なぜ学費がこんなに高いか——財界が持ち込んだ「受益者負担主義」が猛威をふるった

吉川　日本の学費は高すぎる、給料が下がっているという話を今までしていただいたんですけども、なぜ日本はそんな状況になってしまったのでしょう。

志位　そこが大事なところだと思います。私は、「なぜか」を問うことがとっても大事だと思うんです。学費が高いのも、給料が低いのも、どちらも財界が旗振りをして起こっていることなんです。

学費の値上げとはどこから始まったかと言いますと、１９７１年に「中央教育審議会」が、これからは「受益者負担主義」でいくという答申を出したところが出発点になりました。これをあおったのが財界でした。「教育は投資だ」という主張を行い、それによって「利益」をえる学生が学費を払うのは当たり前だと、「受益者負担主義」を押し付けていったのです。高すぎる学費の「震源地」は財界だということを強調したい。

このときの「受益者負担主義」の押し付けは猛威をふるっていきました。１９７１年当時、国立大学の学費は年間1万２０００円でした。私が入学した73年は、それが3倍になって年間３万６０００円となった。東大の学生自治会はストライキで反対しました。そういう水準でした。それが中教審答申を機会にどんどん上がって、今のような途方もない額になったのです。

ここで考えていただきたいのは、そもそも「受益者負担主義」は道理のあるものなのかという問題なんですね。「受益者負担主義」というのは、簡単に言いますと、大学で勉強して「益」＝利益を受けるのは学生だ、だから学費を学生が負担するのは当たり前という、一見、もっともらしい話です。

ところが、大学で学生が勉強して利益を受けるのは学生個人だけじゃありません。実は社会全体が、広い意味で利益を受けるじゃないですか。学生が大学で学んで、そこで得たさまざまな知識や技術を使って、社会に出て働く、それが社会全体を豊かにするじゃないですか。ですから、「益」を受けるのは社会なのです。

だから学費は社会が負担して当たり前ということで、ヨーロッパの多くの国では学費を無償にしている。これが当たり前の考え方です。私は、「受益者負担主義」という財界が持ち込んだ考え方を、これは間違っていると言い切って、学費ゼロをめざす運動をやろうじゃないかということを言いたいと思います。

なぜ賃金が上がらないか――きっかけは「非正規に置き換えよ」という財界の号令

志位　それから賃金が上がらない、実質賃金が下がり続ける、どこから始まったかと言いますと、これも「震源地」は財界なのです。

１９９５年に日経連が『新時代の『日本的経営』』というレポートを出します。このレポートでは労働者の圧倒的部分を非正規に置き換えていく戦略を打ち出した。この大号令にしたがって、まずやられたのは１９９９年の派遣労働の原則自由化です。これらを契機としてどんどん非正規ワーカーが増えて、今では労働者全体の４割、２１００万人以上が非正規ワーカーです。非正規ワーカーの賃金は正規の67％、そのうえボーナスが出ない、手当も出ない。そして非正規ワーカーの７割は女性です。こうして非正規ワーカーを広げてしまったことが、働く人の実質賃金をぐっと下げてしまった、男女の賃金格差をひどくしてしまった、それらの大本にあるわけです。この問題についても、苦しい現状を打開しようとすれば、財界中心の政治のゆがみをただす改革が必要です。

非正規ワーカーについては、日本共産党として「非正規ワーカー待遇改善法」を提案していますが、ここでも財界の目先の利益最優先の国でいいのかというところに切り込まないと解決策は出てこないと思うんです。

高学費も低賃金もどちらも「震源地」は財界です。「震源地」に正面から切り込む改革を、ぜひやっていきたいと思います。

「なぜか」と問うことから社会は変わる

吉川　なるほど。「なぜか」っていうことを問い続けることが大事ですね。

志位　本当にそうです。ぜひ、それをやってほしい。「なぜか」ということを問うことから社会が変わる。私はそう思っています。

世の中で当たり前と思われていることのなかでも、「おかしいな」って思うことは、みなさんあるでしょう。さきほど、「抑止力が平和をつくる」――これも世の中で当たり前のように言われている。でも、それはうそだった。「受益者負担主義」――これも当たり前のように言われているけど、実はうそだった。

世の中で当たり前と思っていること、言われていることも「おかしいな」と思ったら、「なぜか」と問うてほしい。そして、勇気をもって「なぜか」ということを口に出して言ってほしい。仲間のみなさんと話し合ってほしい。そこから解決の道が開けてくると思うんですね。

「なぜか」という問いを立てることは、そのことによって半分は解決の答えが見つかる。問いを立てなかったら永久に答えは出てきませんよね。

吉川　そうですね。

志位　「なぜか」と問うことから社会は変わる。ぜひ、若いみなさん、世の中で当たり前と考えられていることを当たり前としないで、「本当にそうなのか」「なぜか」――これを問うて一番根っこにある問題をぜひ探り当ててほしい。このように思います。

中村　日ごろ忙しいと、すっと流してしまうことが多いなと思うので、あらためて「なぜか」をいろんな人と問いかけあいながら、社会を変える方向でがんばっていきたいと思いました。

Q4 日本はどうしてジェンダーの問題でこんなに遅れてしまっているのか?

中村 次の質問ですが、「ジェンダーの問題を見ていると、本当に日本はひどいと思います。なぜこんなことになっているのでしょうか」という質問が寄せられています。ぜひ回答をお願いします。

根っこに政治的、歴史的なゆがみ——これを変えるたたかいにとりくもう

志位 これも「なぜ」という質問ですね。これはとても大事な質問だと思います。たしかに日本のジェンダーの問題での立ち遅れはひどいです。男女の賃金格差は、生涯賃金で1億円といわれています。国会議員のなかでの女性の比率でも、一番遅れている国の一つが日本です。

これはなぜか。自然にできたものじゃありません。人々の意識の問題が深くかかわっていますが、それも自然にできたものじゃない。根っこには政治的、歴史的なゆがみがあります。2つほど言いたいと思うんです。

第一は、明治の時代に強化された差別の構造です。

戦前の日本というのは天皇絶対の専制政治の国でした。その政府がまず国民にたたき込んだのは、1890年に天皇の名前で出された「教育勅語」というものでした。「教育勅語」には12の「徳目」が並んでいます。12の「徳目」の最後に

は恐ろしいことが書いてあって、〝いざという時には天皇のために命を投げ出せ〟という趣旨のことが書いてある。すべての「徳目」はこれにつながっていくものであって、今でも「教育勅語」には「いいことも書いてある」などという政治家がいるんだけど、何を歴史から学んだのかと思います。子どもたちを戦争に駆り立てていったのが「教育勅語」だったのです。

その12の「徳目」の3つ目に、「夫婦相和《あいわ》シ」という「徳目」があるんです。

吉川　どういう意味なんですか？

志位　「夫婦は仲良く」という意味なのか。そうだとしても天皇から言われたくないですよね。

吉川　押し付けられたくないですね。

志位　ただ「夫婦は仲良く」というものでもないのです。政府が出した「教育勅語」の公式の解説書（『勅語衍義《えんぎ》』）にはこう書いてある。「夫たるものは、妻を愛撫して、もってその歓心を得べく、また妻たるものは、夫に従順にして、みだりにその意思にもとらざらん（逆らわない）ことを務むべし」。要するに、「妻は夫に逆らうな」というのが「夫婦相和シ」なんですよ。こういう形で男尊女卑の思想が、上から子どもたちに徹底的にたたき込まれていった。

その中で1898年に「民法」がつくられる。そこで「家制度」ができました。「家制度」というのは、男の家長が全権を握っている。結婚一つでも家長の許可が必要です。そして女性はどうかといったら、無能力者とされて、夫の許可なしには経済活動ができない、訴訟もできない、労働の契約もできない、こういう状況に「民法」下で置かれた。

戦前の女性は参政権ももっていませんでした。それだけでなく治安警察法という弾圧法では、政党に入ることを禁止されていたのです。戦前にはいろいろな政党があったけれども、すべての合法政党は党員の全員が男性だったのです。そのなかで、日本共産党は非合法でしたけれども、男女同権と女性の解放を最初から訴えて、多くの女性党員がこの党に参加して頑張った。そういう唯一の政党が日本共産党だったということも、ぜひ知っていただきたいと思うのです。

問題は、この戦前のこういう社会が良かった、「美しい国」だったと考えている勢力が、今でも政界の中で大きな顔をしているということです。たとえば、選択的夫婦別姓にいまだに頑強に反対している人たちがいる。その人たちの言い分は「家族が壊れる」というものですが、何の根拠もないことです。戦前の「家制度」のような「家族」がよいと思っている人たちがジェンダー平等に反対している。こういう政治のゆがみがジェンダー不平等をつくっている根っこのひとつです。

第二は、戦後つくられた差別の構造です。これは財界が主役になってつくりました。財界が新しい差別の構造を戦後つくった。

とくに１９６０年代～70年代の高度経済成長の時期に、財界や大企業が押し付けた価値観はどういうものだったか。男にたいしては、「男は24時間、企業戦士として働くのが当たり前」――こういう価値観を押し付けた。長時間労働、単身赴任、家族を顧みることなく働くのが男の美徳だとされました。「モーレツ社員」という言葉もはやりました。それが当たり前だと叩き込んだ。

女性には何をたたき込んだかというと、「女は結婚したら、退職して一切の家事をやるのが当たり前」――こういう価値観をたたき込んだ。専業主婦になって、炊事、洗濯、掃除、子育て、介護、家族の一切の身の回りの世話をやる、つまりケアをやるのは女の役目という価値観をたたきこんだのは財界でした。

これは形を変えて今でも残っています。財界は、ジェンダー平等といわれたら反対しません。しかし、本気になってやろうとしない。賃金格差だって世論と運動に押されて公開を始めましたが、大企業になればなるほど格差が大きいことがはっきり現れてきました。いうならば「面従腹背」の態度をとる。とくに、形の上では男女の区別のない制度となっているが、実際には、女性に対する差別的な結果を生みだしている「間接差別」について、理解しようともせず、是正しようともしない。

この2つの根っこを変えないといけないと思うんですね。

ジェンダー平等の日本をつくるためには、「女はこうあるべき、男はこうあるべき」という一人ひとりの意識を変えていく、自分自身を変えていくことはとっても大事です。私も、党の綱領にジェンダー平等を書き込んで、私のこれまでの人生を振り返ってみますと、ずいぶん反省するところが多くて、これからでもいろいろと直さなければいけないなと思うことがたくさんあります。自分自身を変えていくことも必要なんだけど、同時にやっぱり政治を変えないといけない。このことを言いたいと思うのですね。

「女性の世界史的復権」の時代がやってきた

吉川　最近では、ジェンダー平等にむけた大きなうねりのようなものも、私自身感じているんですけれども、志位さんはそのあたりどうでしょうか。

志位　ほんとうに驚く変化だと思います。日本社会を根底から変えつつある流れが起こっていると私も感じます。

さきほど、男女の賃金格差の問題――生涯賃金で1億円もの格差があるということを言ったんですが、この問題では、日本共産党国会議員団がみんなで力をあわせて、「格差をなくすために、まずは実態を公開せよ」ということを求めてきたのですが、公開という方向に進みましたよね。一歩前進しました。

それから、性暴力の問題では、フラワーデモが全国で粘り強くとりくまれてきましたが、そうした性暴力をなくす運動が広がるなかで、とうとう刑法が改正されて「不同意性交等罪」が創設されました。さらに、同性婚や性別変更の手術の要件をめぐって、この間、画期的な司法判決が続いています。選択的夫婦別姓を求める運動、ＬＧＢＴＱ＋への差別をなくして多様な性を認め合う社会に向けた動きもすごい勢いで広がっていると思います。日本はたしかに遅れているけれど、すごい変化もつくってきた。これは自信をもっていいのではないかと思います。

世界でもすごい激動が起こっています。アイスランドの「女性のストライキ」、すごいですよね。アイスランドというのは世界でも最もジェンダー平等が進んだ国の一つといわれているのですけれども、それでもまだ格差が残っている、まだこれは平等とはいえないということで、「女性のストライキ」がとりくまれ、カトリーン・ヤコブスドッティル首相も参加して、その日は閣議がお休みになったという話も報じられました。

中村　おおー。

吉川　すごい。

志位　すごいですね。世界ではものすごい変化が起こっている。「イコール・ペイ」（同等の報酬）を求める声が大きな波となって広がり、昨年（２０２２年）は女子サッカーのアメリカ代表チームが、裁判闘争を経て男子代表と同額の報酬支払いを勝ち取ったことが、世界の女性たちに希望を広げました。テニスの4大大会でも、男性と女性の賞金の額が同じになった。世界は、ものすごい勢いでジェンダー平等の方向に動いています。

私は、今日の世界、日本も含めてと言っていいと思うのですが、「女性の世界史的復権」の時代がやってきたといっていいのではないかと思うのです。これは男性も含めてすべての人類にとっての進歩の時代がやってきたということでもあると思うので、ぜひこの流れを前に進めたい。

日本共産党は4年前の党大会で、ジェンダー平等の実現を党の綱領に太く書き込みました。そして、「学び、自己改革し、ともに歩もう」という姿勢でジェンダー平等社会をつくるために力をつくそうということを、党大会で誓い合ったのが4年前ですけれども、あの時に綱領を改定して、本当によかったなと思います。

吉川　そうですね。本当にこの今の世界、日本の情勢にも求められた、そういう綱領の改定だったと思います。この力でさらに政治の分野で社会を変えていく、ジェンダー平等をもっと発展させていくことを、私も日本の中でできるように頑張りたいなと思いました。

Q5 共産党がめざす社会主義・共産主義とはどんな社会か？

吉川　次の質問に移りたいと思います。「資本主義のままでいいとは思わないけれども、中国やソ連のようになるのはイヤです。共産党がめざす社会主義・共産主義とはどんな社会なのでしょうか」。

志位　共産主義というと「自由がない社会」というイメージが多いかもしれません。しかし、実は、まったく正反対なんです。

私たちは、来年（２０２４年）1月に開催予定の第29回党大会の大会決議案に、「人間の自由」と社会主義・共産主義の関係について、こういうことを書き込みました。

「わが党綱領が明らかにしている社会主義・共産主義の社会は、資本主義社会がかかえる諸矛盾を乗り越え、『人間の自由』があらゆる意味で豊かに保障され開花する社会である。『人間の自由』こそ社会主義・共産主義の目的であり、最大の特質である」

そして、「『人間の自由』こそ社会主義・共産主義の最大の特質」ということについて、それを三つの角度から特徴づけました。いわば〝21世紀の日本共産党の「自由宣言」〟をのべたのが、大会決議案のこの一節です。パネルをご覧ください。（パネル8）

「利潤第一主義」からの自由――「人間の自由」は飛躍的に豊かなものになる

第一の角度は、「利潤第一義」からの自由です。

パネル8

「人間の自由」こそ社会主義・共産主義の特質

1 「利潤第一主義」からの自由

2 「人間の自由で全面的な発展」

3 発達した資本主義国の巨大な可能性

これはどういうことか。

いま資本主義のもとで、空前の規模で格差が広がっています。次のパネルご覧ください（**パネル9**）。「世界不平等研究所」が、２０２１年12月に発表した調査で、世界における富の分布を明らかにしたものですが、パンデミックを経て、格差は空前の規模で拡大しています。上位１％の人に世界全体の資産の38％が集中している。下位50％の人は、わずか２％しか資産をもっていない。ここまで格差が広がってしまった。

もう一つは、気候危機の深刻化です。世界中で異常豪雨、台風、山火事、干ばつ、猛暑、海面上昇が大問題になっています。国連のグテレス事務総長は、「地球温暖化の時代は終わった。地球沸騰化の時代が始まった」――こういう厳しい警告を発しました。

なんでこんなことが起こるのか、ここでも「なぜ」を考えてみたい。

資本主義のもとでは、生産は何のために行われ

パネル9

世界における富の分布（2021年）

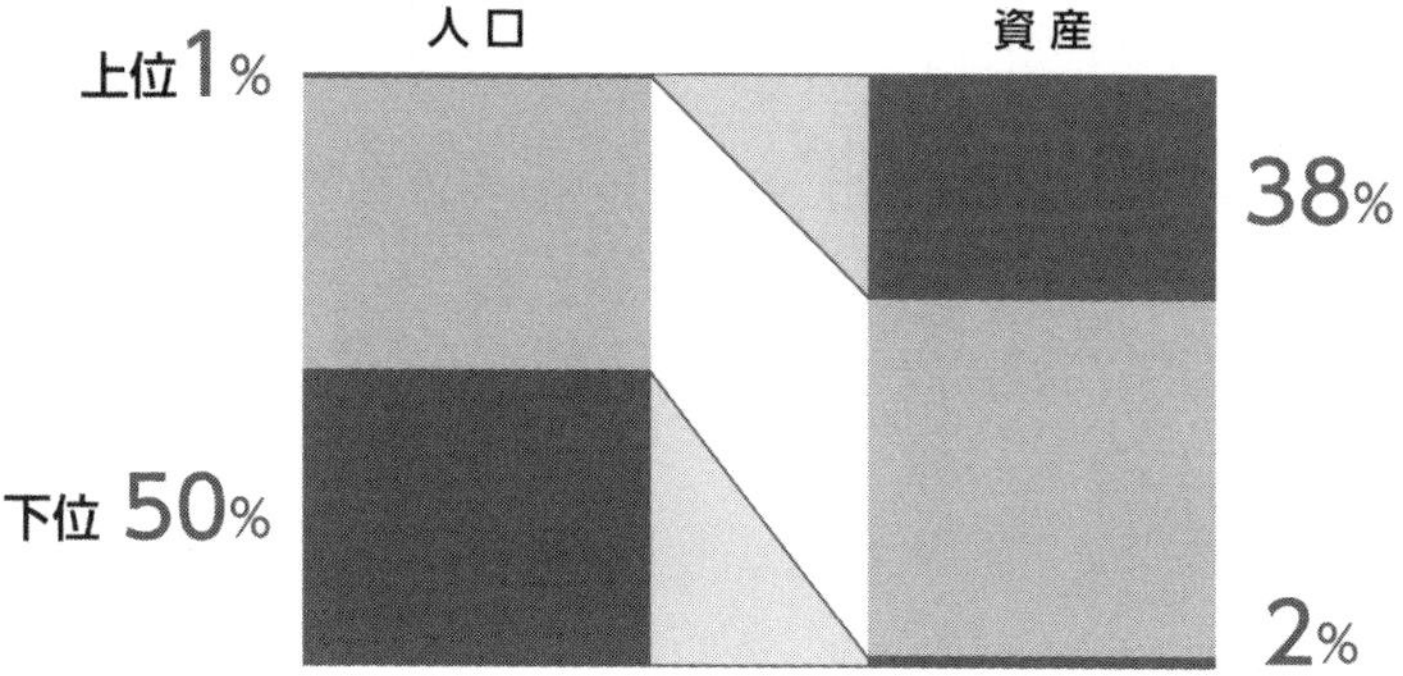

※世界不平等研究所「世界不平等レポート2022」

るでしょうか。資本主義のもとでの生産の目的・動機は、すべて個々の資本のもうけ――利潤をひたすら増やすことに置かれています。このことを私たちは、「利潤第一主義」と呼んでいるのですけども、これが資本主義のもとでは鉄則として働きます。

「利潤第一主義」に突き動かされて、資本は、人間の労働から最大のもうけを吸い上げようとします。そのことから、貧富の格差が起こりますし、長時間労働が起こりますし、「使い捨て」労働が起こる。いろいろな害悪が生まれてきます。

もう一つあるのです。「利潤第一主義」に突き動かされて、資本は、もうけのためだったら、地球環境はお構いなし、「あとは野となれ山となれ」――これでやってきました。それが今日の気候危機を招きました。

「利潤第一主義」という病、これは資本主義のもとではどうしても治せない。

それではどうすればこれを治せるか。「利潤第一主義」というのは、生産手段――すなわち工場とか機械とか土地とか生産に必要なものを資本が持っていることから生まれます。生産手段を資本の手から社会全体の手に移す――これを「生産手段の社会化」と呼んでいますが、そうすると生産の目的が変わってきます。個々の資本の利潤の最大化から、社会と人間の発展のためへと生産の目的が百八十度変わってくる。これが社会主義・共産主義への変革です。

「利潤第一主義」から自由になることによって、「人間の自由」は飛躍的に豊かなものになります。人間は搾取や抑圧から自由になり、貧困と格差から自由になり、「使い捨て」労働や長時間労働から自由になり、繰り返される恐慌や不況から自由になり、環境破壊から自由になります。人間が生きていくための労働はもちろん必要ですが、労働の性格は人間的なものに一変します。

「人間の自由で全面的な発展」――真の自由の輝きはここにある

志位　第二の角度は、「人間の自由で全面的な発展」です。

ここで使っている「自由」という言葉は、第一の角度で使った「自由」とは、違った意味で使っています。第一の角度で使った「自由」は、他者からの害悪（「利潤第一主義」の害悪）を受けない「自由」です。そういう意味では消極的な自由です。第二の角度での「自由」は、もっと積極的な意味で使っている。自分の意思を自由に実現することができるという意味での「自由」です。

そしてここで強調したいのは、未来社会――社会主義・共産主義社会における「自由」は、「利潤第一主義」からの「自由」にとどまるものではない、この社会における真の自由の輝きは、実は、その先にある、すなわち「人間の自由で全面的な発展」のなかにこそあるということです。

パネル
10

「各人の自由な発展が万人の自由な発展の条件であるような一つの結合社会」

マルクス、エンゲルス『共産党宣言』

それでは「人間の自由で全面的な発展」とはどういうことか。マルクスの盟友だったエンゲルスが、その最晩年（1894年）に、イタリアの社会主義者のジュゼッペ・カネパという人から手紙をもらいます。カネパは、来たるべき社会主義社会の基本理念を簡潔に表現するスローガンを示してほしいとの質問をしました。この質問に対して、エンゲルスは返事を書いて、一言で言うのはなかなか難しいが、あえて言うならばということであげたのが、マルクス、エンゲルスが若い時代に書いた『共産党宣言』（1848年）のなかの次の一節でした。（**パネル10**）

「各人の自由な発展が万人の自由な発展の条件であるような一つの結合社会」

ここで「各人の自由な発展」という言葉が出てきます。これはどういう意味かといいますと、人間というのは誰でも自分の中に素晴らしい可能性をもっている。ある人は科学者になる可能性をもっている。ある人は芸術家になる可能性をもっている。ある人はアスリートになる可能性をもっている。ある人はモノづくりの可能性をもっている。人間は、みんな誰でも自分のなかにたくさんの素晴らしい可能性をもっている。ここで「たくさんの」と言ったのは、人間がもっている潜在的な可能性は一つでなく、多くの可能性であるからです。そして人間は誰でもすべてそういう素晴らしい可能性をもっている。これが科学的社会主義の人間観なのです。

しかし、資本主義のもとでは、そういう潜在的な可能性を、本当に自己実現して、のびのびと発展させることができる人は、一部に限られています。素晴らしい可能性をもっていながら、それが埋もれたままになってしまうという場合が少なくない。マルクス、エンゲルスは、ここを根本から変えたいと考えました。すべての人が「自由な発展」ができるような社会をつくりたい。こう考えた。これは2人が、最初の時期から生涯をつうじて、一貫して社会主義・共産主義に求め続けたものだったのです。

彼らが最初に出した答えは、社会から分業をなくせばいいというものでした。分業によって一人ひとりの人間が「活動の特定の排他的な領域」に縛り付けられていることが、「自由な発展」を阻んでいる。これをなくせばよいと考えた。マルクス、エンゲルスが初期の時期に書いた『ドイツ・イデオロギー』（１８４５～46年）という労作があるのですけど、そのなかでは「分業の廃止」という構想が書かれています。いわく、「私がまさに好きなように、朝には狩りをし、午後には釣りをし、夕方には牧畜を営み、そして食後には批判をするということができるようになる」。これは、とても牧歌的な構想ですが、２人が最初の時期から、人間の自由で全面的な発展を共産主義の根本的内容として追求していたことを示すものです。（注）

（注）『ドイツ・イデオロギー』では、共産主義社会について、「個人個人の独自な自由な発展が

けっして空文句でない唯一の社会」（全集③475ページ）などの特徴づけも行っています。

志位　しかし社会全体から分業をなくすことはありえないことです。どんなに社会が発展したとしても分業は必要となってきます。マルクス、エンゲルスは、「分業の廃止」は現実ではありえないし、解決の道でもないと、この考え方を乗り越えていきます。彼らが最終的に得た結論というのは「労働時間を抜本的に短くする」という結論でした。この結論は、マルクスの『資本論』のなかにはっきりと書き込まれました（注）。

（注）『新版　資本論』第12巻、1459〜1460ページ。

たとえば、1日3時間から4時間、週2日から3日の労働、あとは自由時間となったらどうしますか。

吉川　すごいですね。

志位　吉川さん、誰もが十分な自由時間がもてるようになれば、あなただったら何に使いますか？

吉川　私だったら、大学4年間、美術をやっていたので、引き続きモノづくりをやりたいなって思いますね。

志位　なるほど。そうなると、いまの仕事をやりながら、美術もやってみようと、こういうふうになりますよね。

そういう形で、みんなが十分な自由時間をもてるようになれば、自分の中に眠っている力を存分に発展させられるようになるだろう。それをみんなでやったら、社会全体の素晴らしい発展につながってきますね。「万人の自由な発展」につながってくる。そのことによって、ますます労働時間が短くなって、人間の発展と社会の発展の好循環が生まれてくる。マルクス、エンゲルスは、このことをこの言葉で表したわけです。

「利潤第一主義」からの自由は、「人間の自由で全面的な発展」の条件となる

志位　最初のパネル（**パネル8＝38ページ**）に戻ってください。

第一の角度――「利潤第一主義」からの自由と、第二の角度――「人間の自由で全面的な発展」との関係はどうなっているかと考えると、前者の「自由」を得ることは、後者の「自由」を得ることとの条件になってきます。

「利潤第一主義」からの自由――生産手段の社会化が実現し、人間による人間の搾取がなくなれば、社会のすべての構成員が平等に生産活動に参加するようになり、そうなれば、当然、1人当たりの労働時間はうんと短くなります。

さらに、「利潤第一主義」から自由になることによって、資本主義に固有の浪費をなくす道が開かれます。たとえば資本主義のもとでは、恐慌と不況が繰り返され、なくなることは決してありませんが、これは浪費の最たるものです。リーマン・ショックのときを思い出していただければわかるように、一方で、街頭に多数の労働者が放り出される。一方で、大企業の機械は止まっている。こういう状況は浪費の最たるものです。それから、資本主義の「利潤第一主義」のもとで「大量生産、大量消費、大量廃棄」が繰り返されることも、浪費の深刻なあらわれです。その最も重大な帰結が、いま私たちが直面している気候危機にほかなりません。「利潤第一主義」から自由になることによって、これらの浪費がなくなったら、労働時間はうんと短くなります。

こうして第一の角度――「利潤第一主義」からの自由を得ることは、第二の角度――「人間の自由で全面的な発展」の条件になってくるのです。そして第一の角度にとどまらず、その先の第二の角度までいったところに、私たちのめざす未来社会の真の自由の輝きがある。そういう関係です。

発達した資本主義国での社会変革──「人間の自由」でもはかりしれない豊かな可能性

中村　いやもう、できれば今すぐにでもめざしたいなという気持ちもありますけど、じっくり頑張りながら、めざしていきたいなって思います。自分は個人的には睡眠時間をしっかり確保したいなと思って、聞いていました。とはいっても、旧ソ連や中国のようになるのではという心配も出てくるかなと思います。

志位　それへの答えが、この第三の角度──「発達した資本主義国の巨大な可能性」というところにあるんです。日本の場合には、発達した資本主義国から社会変革を始めるわけです。それは「人間の自由」という点でも、はかりしれない豊かな可能性をもつ。これが第三の角度なのです。

旧ソ連や中国が、なぜ自由のない社会になったか。革命の出発点の遅れという問題が、大きく作用しました。ロシア革命の場合には、革命前は、ツァーリとよばれた皇帝が絶対権力を握っていて、人民にはまったく権利がない。国会も形ばかりのもので権限がない。自由も民主主義もない。そこからスタートした。中国革命はどうか。中国は辛亥《しんがい》革命（1911～12年）によって中華民国がつくられ、共和制の国になったわけですが、軍閥が割拠し、日本の侵略もあるもとで、議会は存在しなかった。自由と民主主義の経験がほとんどまったくないところから革命が始まった。

そういう遅れた社会から革命を始めたら、指導者には、自由と民主主義をつくるための特別の努力が必要でしたが、そういう努力は十分にやられず、逆に、ソ連ではスターリンによる大量弾圧が行われ、一党制が固定化された。一党制は中国にも輸出されました。そうした歴史的事情が、自由という点での重大な問題点につながっていきました。

それでは日本はどうだろうかと考えてみた場合

に、発達した資本主義を土台に先に進むわけです。高度な生産力がある。国民の生活と権利を守るルールもつくられてきた。自由、民主主義、人権の諸制度も、日本国憲法のもとで七十数年間、曲折を経ながらも続き、発展させられてきた。人間の個性という点でも、搾取社会という制約があっても、たくさんの豊かな個性が資本主義のもとでつくりだされてきた。こういうものをすべて引き継いで先に進むわけですから、その先につくられる社会が、自由のない社会ということには絶対になりません。

日本共産党は、党の綱領で、将来にわたって、資本主義のもとでつくられた自由や民主主義など価値あるもののすべてを引き継ぎ、豊かに発展させ、花開かせるということを約束しています。綱領で約束しているだけでなく、発達した資本主義を土台に先に進むわけですから、それが未来社会が「自由のない社会」には絶対にならない最大の保障だということを強調したいのです。発達した資本主義国での社会変革は、「人間の自由」という点でも、豊かな達成を土台にして先に進むことができる、はかりしれない豊かな可能性をもつ、これが第三の角度で強調していることです。

2020年の第28回党大会での綱領一部改定のさいに、私たちは、「発達した資本主義国での社会変革は、社会主義・共産主義への大道である」という命題を書き込みました。これは、ロシア革命以後の歴史的経験を踏まえたものであるとともに、資本主義の発達のなかで未来社会にすすむ諸要素が豊かな形でつくりだされるという理論的な展望を踏まえたものでした。

この問題で最後に言っておきたいことは、今日、三つの角度から未来社会の自由の話をしたのですが、いまの私たちのたたかいは、そのすべてが未来社会につながってくる、地続きでつながってくるということです。たとえば、労働時間が長すぎる、短くしてほしい、「サービス残業」をなくしてほしい、労働時間の抜本的な短縮のためのたたかいは、「人間の自由で全面的な発展」の条件をつくることにつながってきます。それから学費を無償にしてほしい、賃金を上げてほしい、人間らしく働けるルールをつくっていきたい――これらを求めるたたかいは、「利潤第一主義」からの自由を得ることにつながってきます。いま私たちがとりくんでいるたたかいというのは、未来社会に地続きでつながっている。未来社会ははるかかなたの遠くにあるものじゃなくて――もちろんそこにいたるにはいくつかの段階を経ることになりますが――、いまのたたかいとつながっている。いまの私たちのたたかいが、未来社会の素晴らしい豊かな展望を準備するということも胸に置いて、頑張りたいと思います。

Q6　どうして民主集中制をそこまで大事にしているのでしょうか？

中村　六つ目の質問に移りたいと思います。「今、共産党に対していろいろと批判を聞くことがありますが、どうして民主集中制をそこまで大事にしているのでしょうか」。こういった質問が寄せられています。

段階的発展、多数者革命、統一戦線――日本共産党の社会変革を進める基本的立場

志位　この問題については、根本のところから今日はお話をさせていただきたいと思います。つまり、社会進歩の事業のなかで、共産党が果たすべき役割とはいったい何なのか、その役割を果たすためにはどういう組織が必要なのか、こういう大本のところから、お話ししてみたいと思うんです。パネルをご覧ください。（パネル11）

日本共産党は、社会変革を進めるうえで、つぎの三つの基本的立場を一貫して堅持して奮闘するというのが、私たちの綱領の立場です。

第一は、社会の段階的発展の立場です。社会というのは、その時々に直面するさまざまな矛盾を解決しながら、一歩一歩、階段を上るように、段階的に発展する。一足飛びにはいかない、段階的に発展するという立場です。

日本共産党の綱領では、いま上るべき階段は、今日お話しした日本の政治の二つのゆがみ――異常な「アメリカいいなり」、「財界中心」の政治のゆがみをただして、「国民が主人公」の日本をつくる――私たちはこれを民主主義革命と呼んでい

パネル 11

社会変革をすすめる3つの立場

1　社会の段階的発展

2　多数者革命

3　統一戦線

ますが、これがいま上るべき階段だと明らかにしています。それを上った次に社会主義社会に向けての変革という次の階段を上る。こういうプログラムを私たちはもっています。

第二は、多数者革命の立場です。どういうことかというと、あらかじめ選挙で示された国民多数の意思にもとづいて階段をのぼるということです。共産党が勝手に引っ張っていくようなことはしない。国民多数が合意して階段を上っていく。「あらかじめ選挙で示された」というところが大事で、平和的にやっていくということです。よく共産党について「暴力革命の党」という悪口がありますけど、うそですよ。私の顔を見てください。暴力革命をやりそうに見えますか。これはうそです。あらかじめ選挙で示された国民多数の意思にもとづいて平和的に社会の変革を進める。これが多数者革命の立場です。

第三は、統一戦線の立場です。思想・信条の違いを超えて、直面する矛盾を解決するための一致点で、国民の多数を統一戦線に結集して、階段を上っていこう、一党一派ではなく、統一戦線で社会を変えるというのが、大方針です。

この三つの立場を、社会発展のどんな段階でも一貫して堅持していこうというのが、日本共産党の革命論なのです。

多数者革命のなかで共産党は何をやるのか、なぜ共産党が必要なのか

中村　多数の意思で社会を変えていこうという立場だと思いますが、そういった多数者革命の中で、共産党は何をやるのか、なぜ共産党が必要なのかということについて、お話しください。

志位　それがつぎの大きな問題になってくるんですが、私たちは日本の社会の外にいて、外部から日本社会を何か特別な方向に引っ張ってゆこうとしているのではありません。民主主義革命でも社会主義的変革でも、それを進める主体となるのは主権者である国民自身です。つまり国民の多数が「この社会を変えよう」となって、はじめて社会は変わる。そのためには、国民の多数が自分の置かれている客観的な立場を理解する。どこに自分たちを苦しめている根源があるのかを理解する。その解決のために何が必要かを理解する。そして日本の進むべき道を自覚してはじめて「この社会を変えよう」となりますよね。そういうことが必要になってくる。

たとえば「賃金が上がらなくて苦しい」――その根源には何があるのか。さきほどお話ししたように、財界が旗を振って、労働法制の規制緩和をやって、非正規ワーカーに置き換えていった。この問題がある。その解決のために何が必要かと考えたら、「財界中心」の政治のゆがみを変えようということになります。一つひとつのところで、国民自身の「自覚と成長」が進んでこそ「社会を変えよう」という声が多数になる。

もう一つ大事なことは、こういう「自覚と成長」は自然には進まないということです。なぜな

パネル
12

多数者革命における日本共産党の役割

「どんな困難にも負けない不屈性、科学の力で先ざきを明らかにする先見性を発揮して、国民の自覚と成長を推進し、支配勢力の妨害や抵抗とたたかい、革命の事業に多数者を結集する――ここにこそ日本共産党の果たすべき役割がある」

ら、そうした「自覚と成長」を阻む議論が、世の中にはあふれているじゃないですか。たとえば「賃金が上がらなくて苦しい」という声にたいして、財界などは何というか。「自己責任」だという。「賃金が上がらないのは個人の責任だ」「上がらないのはあなたの努力が足らないからだ、もっと努力せよ、スキルアップせよ」というのが財界の言い分です。しかしそうじゃない。「自己責任」なんかじゃない、悪いのはあなたじゃない、政治のゆがみなんだと、相手が流してくる「自覚と成長」を妨げる議論を打ち破っていく努力が必要になります。古い政治にしがみつく勢力が流してくる妨害や抵抗とたたかい、それを打ち破ってはじめて「自覚と成長」が進む。エンゲルスは「長い間の根気強い仕事」が必要だといいました。そうした国民の「自覚と成長」を推進する役割を果たすのが日本共産党だということを自覚して奮闘しよう。

大会決議案ではそのことをこのように書きました。（**パネル12**）

「どんな困難にも負けない不屈性、科学の力で先ざきを明らかにする先見性を発揮して、国民の自覚と成長を推進し、支配勢力の妨害や抵抗とたたかい、革命の事業に多数者を結集する――ここにこそ日本共産党の果たすべき役割がある」

多数者革命の事業に、国民の多数者を結集する、それを推進する――ここに日本共産党の役割があると私たちは考えています。(注)

（注）**社会の段階的発展と国民の認識や力量の発展の関係について**……この問題について、『新・綱領教室』で次のようにのべたことがあります。

「強調しておきたいのは、（社会発展の）階段を一歩上るごとに、変革の主体である国民の認識や力量が発展するということです。階段を上る主体は、主権者である国民です。国民は、階段を一歩上るごとに、違った姿になるでしょう。すなわち、国民は、階段を一歩上れば、自らの力で社会を変えられるという確信をつかむでしょう。また、一つの階段を上れば、この方向で進めば、もっと立ち入った変革に前進できるという、次の展望が見えてくることにもなるでしょう。さまざまな意味で、社会変革の主体である国民の認識や力量が発展するという展望をもって、綱領路線の実現の事業に取り組むことが大切だと思います」（下巻、25～26ページ）

社会の段階的発展の階段を一歩上るごとに、社会の仕組みが変わるだけでなく、国民自身が大きく変わる。こういうプロセスにおいて、国民の認識や力量の発展を推進する役割を担うのが日本共産党であると自覚して奮闘していきたいと思います。

民主集中制の大切さ――多数者革命を推進する仕事はバラバラの党ではできない

中村　そういった役割を不屈に果たしていく、すごく大事なことだと思うのですが、ここと民主集中制とはどのような関わりがあるのでしょうか。

志位　多数者革命のなかで日本共産党がいまお

話ししたような役割を果たそうとしたら、民主集中制という組織原則をしっかりと貫き、発展させることが、どうしても必要になってきます。

国民の多数者を革命の事業に結集する仕事をやろうとしたら、「どんな困難にも負けない不屈性」――どんな困難があっても〝くじけない頑張り〟が必要になりますし、「科学の力で先ざきを明らかにする先見性」――社会の発展の法則を科学的に明らかにしていくことが必要になりますし、「支配勢力の妨害や抵抗とたたかい」、打ち破っていくことが必要になります。こういう仕事をやる党がなかったら進まない。

そういう仕事をやろうと思ったら、バラバラの党でできるでしょうか。派閥に分かれていて、党内で抗争をやっている、そういうバラバラな党でできるでしょうか。

そこで民主集中制が必要になってきます。民主集中制に対して、「独裁だ」などと悪者あつかいする議論は以前から繰り返されてきましたが、これは全く違います。怖いことでもないし、特別なことでもないんです。

民主集中制というのは、簡単にいえば、方針を決めるときには民主的な討論を尽くし、決まった方針はみんなでそれを実行するということです。民主的討論と行動の統一ということです。

行動の統一というのは、どんな政党であっても国民にたいする公党としての当然の責任だと思います。だからどの程度まで実行しているかは別にして、どの政党だって規約を読んでみたら行動は統一するとの趣旨が書いてあります。行動の統一を乱すものは処分することも書いてある。どの政党でもそうです。

ましてや国民の多数者を革命の事業に結集する役割を果たそうとすれば、行動の統一ができない、派閥抗争をやっているようなバラバラの党で、どうしてそうした仕事ができるでしょうか。どうして、国民の自覚と成長を妨げる議論を打ち破って、多数者を結集することができるでしょうか。多数者革命を推進する仕事は、バラバラの党ではできません。日本共産党が民主集中制という原則をとっていることは、多数者革命を推進するという国民への責任、社会進歩への責任を果たすという立場からのものなのです。

もう一つ いっておきたいのは、いま日本共産党が規約で定式化している民主集中制の原則は、どこかの外国からの輸入品ではないということです。それは日本共産党自身の体験を経て確立した大原則です。

かつて、1950年に、ソ連のスターリンが、日本共産党に「武装闘争の方針をとれ」などというとんでもない方針を押しつけるという干渉が起こり、党が分裂してしまったことがありました(「50年問題」と呼んでいます)。この分裂を克服する過程で、もう二度とこんな誤りを繰り返してはならない、党内に派閥・分派をつくってはならない、意見の違いで排除してはならない、民主主義の運営を徹底するとともに行動は統一する、民主集中制を貫くという教訓を引き出しました。

その後、1960年代に入りまして、ソ連と中国・毛沢東派が、日本共産党に激しい干渉攻撃をやってきた。このときのやり方は、日本共産党の党内にソ連派や中国・毛沢東派をつくって、党を乗っ取ってしまおうという無法なものでした。そのときに干渉に追随・内通した人たちは分派をつくって党をかく乱しようとしましたが、民主集中制でみんなが団結して、干渉を打ち破っていきました。そういう経験を経て、この原則をより確かなものに発展させていきました。行動の統一ができないバラバラな党だったら、私は、いま日本共産党は影も形もないと思います。この原則を堅持して発展させるということが、未来ある道だと確信しています。

「異論を許さない党」は事実と違う――党大会に向けた民主的討論を見てほしい

中村　ありがとうございます。自分も力を合わせて頑張っていきたいなと思いました。もう一つ質問が来ていますが、共産党は「異論を許さない党」になっているから、民主集中制を放棄したらいいいんじゃないかという議論も出ていると思います。

志位　共産党は「異論を許さない」というのは、これも事実と違うのです。

党員が党の外から、共産党を攻撃することは規約に反しますから、やってはならないということになりますけども、党内で規約にのっとって自由に意見をいう権利は、全ての党員に保障されています。

いま来年（2024年）1月の党大会に向けて全党討論がはじまっています。先日の中央委員会総会で党大会決議案を提案して、2カ月間の全党討論を行うことになります。この全党討論では自由に意見を出すことができます。そして全体の討論の流れのなかではなかなか出てこない少数の意見についても、みんなにわかるように、特別の冊子もつくる。こういうこともしっかりやっていくつもりです。

党大会は、どの党にとっても、一番大切にすべき会議になると思います。それを2カ月間かけて討論をやって、自由な意見を保障しているという党が他にあるでしょうか。ないと思います。たとえば自民党が、大会に向けて議案を発表し、討論をしているでしょうか。聞いたことがありません。党大会の議事録を見ても討論の時間がまったくない。本当にセレモニーみたいに大会が終わってしまっています。こういう党との対比でも、日本共産党が党大会にむけてとりくんでいる民主的討論の姿を見てほしいと思います。

このように、「異論を許さない」というのは事実と違うし、そういう事実と違うことをいって「民主集中制を放棄せよ」という議論をする人がいるけれども、仮にわが党がそういうことをやったとして、喜ぶのは誰でしょうか。共産党をつぶそうとしている勢力、封じ込めようとしている勢力だと思います。私たちはそういう勢力を喜ばせるようなことはいたしません。

国民多数から信頼される魅力ある党に――民主集中制を発展させる努力をすすめたい

志位　同時にいっておきたいのは、民主集中制を現代にふさわしく発展させる努力は当然必要だと思います。たとえばわが党は「双方向・循環型の活動」ということを、この間、心がけてきました。一方通行の上意下達ではなくて、全国で草の根で頑張っている支部のみなさんと中央委員会が、同じ高さの目線で、双方向・循環型で学び合って、いろいろな活動を発展させる努力をやってきました。これはもっと発展させていきたい。

それから、日本共産党に参加する人は、みんな一人ひとり個性をもっている。多様性をもっている。それを大事にしていくことも大切です。大きな方針のところではみんなが団結する必要があるけれども、一人ひとりによって表現の仕方、訴える言葉は違うじゃないですか。それは自由なんです。そういう多様性や個性を大切にして、自分の言葉、生きた言葉で話すことをもっとやっていかなくちゃいけない。

さらに、とても大切なことは、日本共産党内の活動としても、ジェンダー平等を大切にし、ハラスメントを一掃する。これは日本共産党の中にも、いろいろな問題、弱点があります。それは自己改革していかなければなりません。そのことを、この間の中央委員会総会でもみんなで決めました。

民主集中制の原則をしっかり堅持するとともに、現代にふさわしく豊かに発展させていく努力をはかりたい。そのことによって国民の多数から信頼される党になっていく、魅力ある党に成長するように努力していきたいと思います。

Q7 志位さんは書記局長・委員長として33年頑張ってきた。ズバリ日本は変えられるか？

吉川　それでは最後の質問になります。「志位さんは書記局長、委員長として33年間頑張ってこられたとうかがいました」。ちょっとまだ私は、生まれてないのでわからないですけども、33年間頑張ってこられて、ズバリ、「今の日本は変えられると思いますか」。

志位　生まれてなかったですかね。

吉川　はい。影も形もまだなかったですけれども。

志位　中村さんも。

中村　まだ生まれてないです、ギリギリ生まれてないですね。

志位　なるほど。この質問に対しては私の体験談を、ここは話したいと思うんですね。変えられるかという質問でしたが、私の実感から言えば、変えられる、今こそ変えるときだというのが、33年間やってきた実感であります。体験的に、ちょっと「漫談」も入って、最後なのでお話をさせていただきたいと思います。

1990年――党は〝二重の大逆風〟の真っただ中にあった

志位　私が、書記局長になったのは、1990年の第19回党大会でした。当時、35歳だったんです。まだ国会議員でもなかったものですから、世間は誰も知りません。いきなり党大会で選ばれました。自分自身もびっくりしました。党大会で発表されたときに、党大会を取材していたマスコミの記者団も誰も知らない。「志位って誰だ」ということになった。ただ、一人だけ知っている記者さんがいたのです。それは、私の高校の同級生――千葉高校時代の友人が、ちょうどＮＨＫの記者でその場にいた。その人がびっくりして、「志位が書記局長になった」というので、写真の脚立から転がり落ちたという話が残っているぐらい知られていなかった。そういうところから始めて、33年間やってまいりました。当時は、若い若いと言われたものですが、やっぱり月日はちゃんと流れてくるもので、69歳になっておりました。ただ、気持ちは若いですから、いろいろな形で、引き続き頑張っていきたいと思うのですが。

体験的に話しますと、私が書記局長になった１９９０年というのは、日本共産党は〝二重の大逆風〟の真っただ中にありました。

一つは、東欧・ソ連の旧体制がガラガラっと崩壊している最中だった。中国では天安門事件という血の弾圧が起こった。そういう中で、「社会主義が崩壊した」「共産党は時代遅れだ」「資本主義万歳」――この大合唱が、内外で荒れ狂いました。

それにたいして私たちは、ソ連の覇権主義と正面から闘い抜いた自主独立の党の値打ちを語り抜いて、正面から立ち向かった。１９９１年にソ連共産党が解体したときは、世界に覇権主義を流してきた党の解体に対して「もろ手をあげて歓迎する」という声明を出しました。こういう声明を出した党は、世界に一つしかないのです。こうして何とか踏みとどまったのですけれども、本当に大逆風でした。私の実感から言いますと、下りのエスカレーターを逆に駆け上がっているという感覚で、どんなに走っても上に上がらないという感じでありました。

もう一つの大逆風は、「日本共産党を除く」という壁が厳然と立ちはだかっていたことです。私が、書記局長になってびっくりしたのは、国会へ行きますと、国会運営からも共産党排除が徹底的に行われていたことでした。ベルリンの壁が崩れているのに、「日本共産党を除く」の壁はガーンと立ちはだかっている。１９８０年の「社公合意」――社会党と公明党が結んだ日本共産党排除の合意がきっかけで、共産党は国会運営からも一切排除されていました。いまでは国会で共産党も参加して幹事長・書記局長会談が当たり前のように行われています。国対委員長会談にも共産党は参加しています。ところが当時は、そうした国会運営にかかわる会談に日本共産党だけ参加できないんです。私は、あまりにひどい話だ、無理にでも参加しようかと思ったこともありますが、そんなことができるわけもありません。日本共産党排除の「密室協議」であらゆることが決められていくというひどい状態でした。

　１９９３年の総選挙のさいにも、「日本共産党を除く」の壁を痛感したものでした。このときに、私は初めて衆議院選挙に挑戦して、ギリギリ旧千葉１区で押し上げていただいたのですが、このとき荒れ狂っていた大逆風は、「自民か、非自民か、どちらかを選べ、共産党は蚊《か》帳《や》の外」というものでした。選挙の最中にＮＨＫのインタビューに出演したところ、岡村和夫さんと、国谷裕子さんのインタビューで、「共産党は蚊帳の外と言われていますけどどうですか」と聞かれたものでした。「蚊帳の外というけど、蚊帳の中は金権政治で汚れている。そんな汚い蚊帳の中には、頼まれても入りません」と言った覚えがあるんですけども、そのぐらい排除が徹底していた。これが33年前です。まさに〝二重の大逆風〟に立ち向かう日々でした。

33年間、いろいろな曲折があったけれども、時代は着実に前に大きく動いている

志位　しかし、私たちはそれに負けないで、33年間でみても、山あり谷あり、躍進した時もあ

パネル13
「社会主義は理想的な経済体制か」

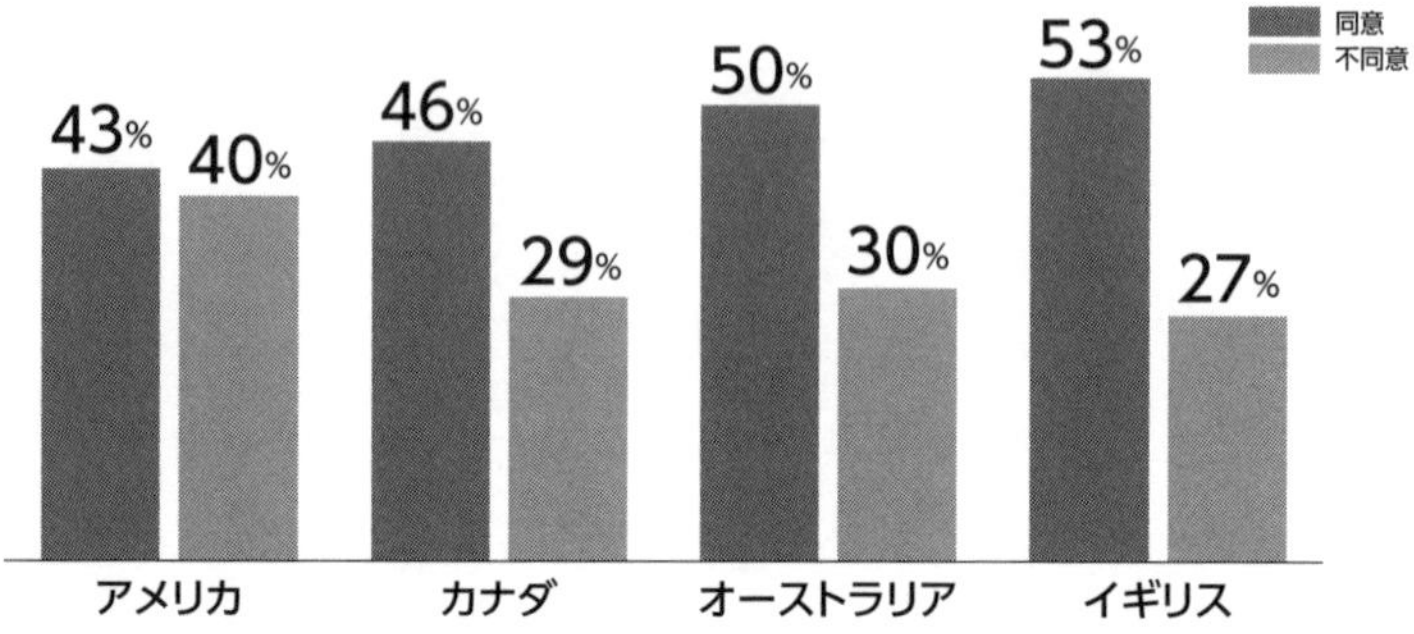

18歳～34歳、各国約1千人を調査

る、後退した時もある、いろいろありますけども、33年間頑張ってきた。それで今どうなっているだろうかと考えますと、33年前には「社会主義が崩壊した」と言われた。ところがいまは、資本主義ではやっていけなくなるんじゃないかと、「資本主義は限界だ」という声があふれているじゃないですか。

次のパネルをご覧ください（**パネル13**）。これは2022年の秋に、アメリカ、カナダ、オーストラリア、イギリスで行われた若者の調査ですけれど、「社会主義は理想的な経済体制か」という設問にたいして、赤い（濃い）棒は「同意」、青い（薄い）棒は「不同意」。どの国でも、みんな「同意」が多数になっているのです。今は「社会主義の崩壊」どころか、「社会主義の復権」とも呼ぶべき新しい流れが起こっている。33年前は「社会主義は崩壊」と言われた。ところが今や、格差が拡大し、気候危機がひどくなり、資本主義でやっていけるのかというところに変わった。

もう一つ、「日本共産党を除く」の壁はどうか。大きく崩れました。私たちは、この8年間、市民と野党の共闘にとりくんできました。共闘には、打開すべき弱点や問題点がたくさんあります。しかし、みんなで力を合わせて、いろいろな成果をあげてきたのも事実ではないですか。2021年の総選挙を思い起こしてください。東京でも、野党共闘の力で、自民党の「大物政治家」をどんどん落としたじゃないですか。成果を上げてきたのも事実なのです。少なくとも、共産党は仲間外れにして、国会運営の会談にも出させない、こんな無法なことは通用しなくなっていま す。新たに「共産党を除く」の壁をつくろうという時代逆行の人たちもいるけれど、私は、かつてのような排除の時代に逆戻りすることは絶対にできないし、させてはならないと思っております。市民と野党の共闘の再構築、そして日本共産党の躍進に力をつくしていきたい。

このように、33年前の〝二重の大逆風〟と現在を比較してみますと、33年間いろいろな曲折があったけれども、時代は着実に前に大きく動いている。これは間違いない。これが私の実感なんです。

33年間で自民党政治はどうなったか――活力を失い、行き詰まりが極まる

吉川　本当にそうですね、前に進んでいっているっていうのは、話を聞いていて、すごく感じました。でも33年間で、自民党の方はどうなっていったと感じていますか。

志位　そこが大切なところですね。私、数えて見ましたら、書記局長、委員長の33年間を通じて、18人の総理大臣と論戦をやってまいりました。その実感を言いますと、かつて自民党がもっていた活力をいまや失ったというのが実感なんです。

1993年に私が国会に出て、初めて対決した自民党の相手は、96年の橋本龍太郎首相、加藤紘

一自民党幹事長の体制でした。橋本首相というのは、政治的立場はまったく違うんですけども、私が国会の予算委員会などで攻めますと、答弁を避けないで正面から答えてきた。官僚にまかせないんです。私が「大蔵省の○○の通達について」などと細かいことを聞いても、首相が答弁してきた。私は若かったものですから、今から考えると、ちょっと無理な質問もやったものでした。橋本首相は、私が、ちょっと無理な質問をやっても、ちゃんとそれに合わせて答えてきた。それで終わった後、「今日は志位さんにボコボコにやられちゃったね」などと言って、笑顔で握手するというやり取りもありました。そういう思い出があるのです。

そのとき加藤紘一さんが自民党の幹事長をやっていまして、テレビ朝日で、加藤幹事長と私で「自共対決」の討論を、ずいぶんとやりました。テレビ局がよくそんな討論を企画したものだと思います。また、よくそれを加藤紘一さんが受けたものだと思います。加藤さんは私との討論のさいに、徹底した準備をやってくる。ある日、こんな厚い資料を持ってきた。スタジオに入る直前まで資料を読んで、本番となり、終わった後で、加藤さんに「その資料は何」と聞いたら、「役所が持ってくるんだ」と言う。それぞれの役所が、「志位書記局長の主張は○○で、それへの反論は○○」と書いたペーパーなんですね。私が、「加藤さん、それずるいよ。僕は自力でやっているのに、あなたは役所を味方にしてやっているのはおかしくない？」と話したら、「たいして役にたたないんだ」と言っていたことも思い出します。そのぐらい必死になって準備をして、論戦をやって、正面から丁々発止の議論をしたものでした。私は、政治的立場は違うけれど、爽やかさを感じたものでした。加藤さんの考え方というのは、「自民党は共産党と正面から議論して打ち破れるような党にならなかったら未来はない」という考え方をもっていたように思います。そういう活力が自民党にもあったのが90年代でした。

ところが時代を経るにしたがって、そういう活力がだんだんなくなっていった。２０００年代に入って、小泉首相になりました。小泉首相というのは、かみ合った議論をなかなかやらない。ワンフレーズを繰り返す。実行したのは徹底した弱肉強食の新自由主義でしたから、私たちは厳しく批判しました。それでも、私はこういう思い出があります。２００２年に日朝平壌《ピョンヤン》宣言がかわされました。これは、私は、日本外交の中でも金字塔だと言ってもいい素晴らしい成果だと思っています。外交によって北朝鮮問題を解決しようという理性的なもので、今でも生きているものです。この宣言をかわした後に党首会談がありまして、私が、小泉首相に「日本共産党は日朝平壌宣言を全面的に支持します。協力を惜しみません」と言うと、小泉首相はびっくりして、私がその後、日朝平壌宣言を進めるうえでの日本共産党としてのいろいろな提言を持っていったら、「ありがとう」と言って正面から受け止めたものでした。立場はまったく違うけど、一致点については、こだわりなく意見を聞くっていうところもあった。そういうところもあったので、この前、音楽之友社で、「小泉・志位対談」をやりたいという申し出があり、お互いクラシックのファンだというんで対談をやりました。楽しい対談になりました。政治的立場は真正面から対立したけれど、そういう面もあった。

それが安倍首相になるとどうなったか。冷静で論理的な議論がいよいよなくなった。集団的自衛権行使容認の閣議決定を強行し、安保法制を強行しました。あのときもまともな説明をしない。森友・加計問題、桜を見る会、日本の政治にモラルハザードを起こしてしまった。私たちは戦後最悪の政権と厳しく批判しました。

私は、安倍首相とずいぶんやりあって、もうこの首相を上回るこれ以上悪い人はなかなか出てこないだろうと思っていたら、上には上があるものです。岸田首相の支持率がどんどん下がっています。どうしてか。それは、岸田首相の「行動原理」を国民が見透かしているからだと思います。彼の「行動原理」というのは簡単です。「保身と延命」です。自分の「保身と延命」のために役立つことだったら何でもやる。「こういう国をつくりたい」というビジョンを、岸田首相なりにもっていない。私は、岸田首相からそういうものを感じたことがありません。

この点を安倍首相と比較しますと、安倍首相をほめるわけじゃないけれど、彼の場合は「こういう国をつくりたい」という「ビジョン」はもっていました。とても危険なものだったけれど彼なりにもっていた。岸田首相はそういうものももっていない。

そしてこういうこともいえる。安倍首相は、集団的自衛権行使容認へと憲法解釈を変えるときに、「変えます」と言って変えました。閣議決定までやって変えました。ところが岸田首相の場合は、「専守防衛」を投げ捨てて、敵基地攻撃能力をもとうしている。つまり、憲法解釈を根本から変えようとしているのに、「変えません」とうそをついて変えている。どちらが悪いでしょうか。「変える」といって変えた人と、「変えない」とうそをついて変えた人。ある意味では後者の方が悪いですよね。

吉川　そうですね。

日本共産党をつよく大きくして、日本の「夜明け」を開こう

志位　だから私は、この33年間のスパンで見てみますと、今の自民党政治は、ほんとうに行き詰まりの極致という感を強くします。かつてもっていた活力を失ってしまっている。モラルハザードはきわまっている。これだけ物価高騰がひどいのに「経済無策」じゃないですか。国民の意見を聞こうとしない「言語道断」の政治をやっているじゃないですか。これは「アメリカいいなり」と

「財界中心」という2つのゆがみをもっている自民党政治そのものが行き詰まった姿を象徴していると思います。

ですから、日本の政治は大局的に見ましたら「夜明け前」にある。新しい政治を生み出す「夜明け前」にある。これが33年の実感です。ただ自然には「夜明け」は訪れません。自然の「夜明け」は、寝ていても必ず朝が来ます。しかし社会の「夜明け」は自然には訪れない。国民の世論と運動、国民のたたかいがあって、はじめて「夜明け」は現実のものになるわけですから、今こそそういうたたかいを起こそう、日本共産党をつよく大きくして躍進させよう、みんなで「夜明け」を開こう、そのためにも日本共産党にどうか入党していただきたいということを最後に訴えたいと思います。

会場からの質問に答えて

中村　ここまでは事前に寄せられた質問にお答えいただきましたが、ここからは休憩中に多くの質問が寄せられましたので、それに答えていただきます。

志位　できるだけ最大限お答えします。

Q8 日本は競争教育ばかりだが、日本の教育をどう思うか？

質問「日本の民主主義の弱点の一つに、教育の問題もあると思います。日本は競争教育ばかりですが、たとえばドイツでは、小学校のときにデモのやり方などを学ぶと聞きました。志位さんは日本の教育についてどう思いますか」。

志位　私は、異常な競争教育こそが、日本の子どもを傷つけている一番の問題だと思っております。

国連の子どもの権利委員会からも、過度の競争教育が子どもを傷つけていると指摘され、是正の勧告がされています。ところが政府は耳を貸さない。競争によって子どもに順番をつけていく。「できる子」、「できない子」と順番をつけ、ふるい分けをし、序列化していく。これが一番、反教育的なことだと、私は思っております。

ふるい分けをされて、「下」のランクに位置付けられた子どもは傷つきます。それでは、「上」

のランクに位置づけられた子どもはどうかといったら、もっと頑張らなきゃならないと追いたてられます。みんなが傷つくのが競争教育なのです。私は、競争によって、子どもたちをふるい分けるという考え方を根本からただすことが本当に大事だということを訴えたい。

亡くなった私の父は、日本共産党員で小学校の教員をやっていまして、よく私に言っていた言葉で、「分かる」と「できる」は違うと言う。「できる」というのは、もちろん逆上がりが「できる」ようになったという意味で使われることもあるけれども、「できる子」と言った場合には、多くの場合に競争と結びついています。「できる子」と「できない子」を序列化することと結びついています。それに対して、「分かる」というのは喜びと結びついています。子どもは誰でもこれまで分からなかったことが「分かる」ようになった時には目が輝くではないですか。教育の使命は、競争でふるい分けて「できる子」をつくることじゃない。「分かる」喜びを伝えることなんだと思います。そういう根本のところから、日本の教育を改革していく必要があるのではないでしょうか。

競争教育というのは、「分かる」喜びを押しつぶすものだと思います。フィンランドでは、少人数学級を進めるとともに、子どもを競争に追い立てて序列化するためのテストはやらない。競争教育そのものを教育からなくしている。そのことによってフィンランドの学力は世界トップレベルになっていると言います。これが教育のあり方だと思います。日本の自民党政権がやっているような、全国いっせい学力テストを子どもたち全員にやらせて、学校のランク付けをする、子どもたちのランク付けをする、こんなやり方は金輪際《こんりんざい》やめるべきだというのが共産党の教育政策です。

Q9 自由な大学を取り戻すにはどうしたらいいのか？

質問 「全国の国公私立大学で、立て看板やビラ貼りなどの学生の自主的な行為が、大学当局により規制されています。自由な大学を取り戻すために、われわれ学生ができること、日本共産党が行っていることを教えてください」。

志位 いま言われたようなことは、全く不当なことです。学生の自由な自主的な行為を規制するようなことを、大学当局がやるべきじゃない。

ほんらい大学とは、1960年代末の東大闘争、各地の学園民主化闘争のときに確認された原則ですけれど、「全構成員による自治」が原則なのです。学生を含めて、大学を構成するすべての構成員による自治が民主的なあり方です。学生、院生、教授会、職員など、大学を構成するすべての人が、平等な立場で自治の一員になるというのが大学の民主化闘争の到達点なのです。それが崩されて、大学当局の決定に学生は従えというのは、民主主義に対する逆行です。

それではどうするか。私は、学生自治会を再建してほしい。ぜひそのことを訴えたい。学生自身が自治の担い手として、自治会をつくって、対等な立場で、教授会とも話し合う、これが当たり前の姿です。どうか学生自治会を再建してほしい。

そして日本共産党としてもこの問題では頑張りますが、どうか大学の中で日本共産党の党組織――支部を大いに強化していってほしい。このことは大学に自治と民主主義を取り戻していくうえでも大事だと思います。

Q10 自身のパートナーや他の方のパートナーをどのように呼んでいますか？

質問　「旦那、主人、奥さんという呼び名は、男性優位の社会の名残と聞いてから使いたくないと思っていますが、丁寧に言うさいに、浸透していてわかりやすいため使ってしまいます。また、パートナーという呼び名は、意味が広く、結婚していない方には使いづらいと思ってしまいます。志位さんは、自身のパートナーの方や他の方のパートナーを呼ぶさいに、どのように呼んでいますか」。

志位　これは難しいですよね。「浸透していてわかりやすいため使ってしまう」ということを、いちがいに否定することはできないと思います。ただ、私としては、言われたように「旦那」は使いません。「主人」も使いません。「奥さん」も使わないようにしています。どうするか。「お連れ合いさん」とか「パートナーさん」という言い方をするように心がけています。ただ、「パートナーさん」っていう場合、言われたような使いづらいケースもあり、ケースごとに考えていくということでしょうか。そういう問題も含めて、社会全体で適切な呼び名が定着していけばいいなと思います。

こういうことは、本当に大事だと思います。言葉自体の中に、ジェンダー不平等が宿っている言葉はNGにして、私たち自身が使わないようにしていくことは大事なことじゃないかなと思っています。

Q11 緊張したときにどう対処しますか？

質問　「志位さんは緊張したときにどう対処されますか。私は人前に出ることが苦手です」。

志位　あんまり緊張することはないのですけれど。でも、緊張することがないわけじゃないので……。そうですね、一番緊張したのは、「ＪＣＰサポーターまつり」（２０１８年10月28日）でピアノを弾いたときですね。あの時は、手がちょっと震えました。みんながいるのを忘れようと思って、何とか弾いたんですけど、下手なピアノなんですが……。

いろんな緊張の対処の仕方があると思うのですが、やっぱり自分のやっていることに、深い意味での自信をもつということじゃないでしょうか。

私たちは、たとえば国会の場に立つ、テレビ討論の場に立つ、そうした場合は、誰も助けてくれません。最後は自分一人で頑張るしかないわけで、そのとき何が一番の支えになるかといったら、自分が、一番困っている人の声を代弁している、一番苦しんでいる人の気持ちを代弁している、怒りを代弁している。自分は、自分一人でやっているんじゃなくて、バックにいる多くの人たちの代表者として、その場に立っているってことを強く自覚することだと思います。それを自覚したら、怖いものがなくなってくる。それを自覚して、論戦の場にのぞめば、相手がどんな答弁をしていようと突破することもできる。このように思うので、それも一つの方法ではないかと思います。

Q12 市民と野党の共闘はどうなりますか？

質問　「市民と野党の共闘はどうなりますか」。

志位　次の総選挙に向けた方針で、私たちとしては、市民と野党の再構築のために可能な努力を払うということを党大会決議案の中に書きました。そうした努力を今やっているところです。

最近の動きとしては、立憲民主党の泉代表が、私のところに来られて、「次の総選挙では、与党の議席を最小化するための連携・力合わせをやっていきましょう」と言われて、私は賛成し、この点での合意、確認をしました。これを第一歩にして、私たちとしては可能な努力をやっていくつもりです。これから共通の政策の問題でも、いいものになるように話し合いをやっていく。粘り強くやっていきます。

今の政治、先ほど言ったように岸田政権の体たらくはひどいものです。どうしたって変えなければならない。そのときに野党がバラバラでは責任が果たせない。野党共闘の再構築のために力を注ぎたい。

ただ困難がある。逆流もある。そういう中で、今度の総選挙について言いますと、大会決議案では、日本共産党自身の躍進を最優先にしてやろうということを書いています。共産党の躍進をかちとることが、市民と野党の共闘の再構築の一番の力になります。ここに思い切って力をそそぐ。そういう方針を大会決議案に書いています。

考えてみますと、この間の市民と野党の共闘がどこから始まったかといいますと、実は２０１３年の東京都議選で共産党が８議席から17議席に躍進した。ここから始まったのです。都議選で共産党が大躍進し、その直後の参議院選挙でも躍進し、吉良よし子さんが初当選した。共産党は改選３議席から８議席に躍進した。その次の年の２０１４年の衆議院選挙で共産党が８議席から21議席に大躍進した。この躍進の力があったからこそ、市民と野党の共闘を私たちが呼びかけて、前進の流れがつくれたのです。ですからもう一回、日本共産党の躍進を勝ち取る、総選挙で躍進を勝ち取る、それが市民と野党の共闘を再構築する一番の力になってきます。日本共産党の躍進を、今度の総選挙で勝ち取りましょう。この力で統一戦線をつくっていく。そういう立場で頑張りたいと思います。

若いみなさんへの入党の訴え

吉川　それでは最後に、志位さんから青年へのメッセージをお願いします。

志位　今日はありがとうございました。日本共産党は今年（２０２３年）で党をつくって１０１年目を迎えました。７月には党史『日本共産党の百年』を発表いたしました。『百年』史を編纂《へんさん》して感じたことは、日本共産党には躍進した時期もある、大変な困難に陥った時期もある、いろいろな時期があるのだけども、ひとときとして、順《じゅん》風満帆《ぷうまんぱん》な時期はないのです。常に、古い政治にしがみつこうという勢力から、いろんな迫害や攻撃や批判にさらされ、それを一つ一つ打ち破りながら成長を勝ち取っていった苦闘と開拓の１０１年だった。これが私たちの党の歴史です。

戦前、日本共産党は非合法のもとにおかれました。「国賊」、「非国民」と迫害されました。激しい弾圧下に置かれました。何か悪いことしたからじゃありません。その反対に、あの暗い時代に、天皇絶対の専制政治を変えて、国民主権の世の中をつくろう、侵略戦争をやめさせよう、この訴えを命がけでやったためであります。そのために多くの先輩が命を落としました。『蟹工船』で有名な作家の小林多喜二は、特高警察に検挙されたその日に、拷問によって殺されました。岩波書店から『日本資本主義発達史講座』という素晴らしい歴史学・経済学の金字塔ともいうべき著作を世に出した経済学者の野呂栄太郎も、特高警察に捕まって、拷問で命を落としました。20代前半の若さで、迫害に屈せず、命を落とした女性の革命家をもっていることも、私たちの誇りであります。そういう犠牲が出たけれども、日本共産党の主張は、戦後の日本国憲法の国民主権と恒久平和主義に実ったのであります。

戦後、日本共産党は合法政党として出発しました。米軍による占領政策に反対し、独立と平和と民主主義のためにたたかい、1949年の総選挙では大きな躍進をかちとります。その日本共産党に対して、当時の党にとっては、予想もしないところから攻撃の手が及んできました。スターリンが支配していたソ連からの干渉です。1950年、ソ連は中国と一体になって、「武装闘争をやれ」との号令をかけてきて、党は分裂に陥りました。「50年問題」と呼んでいる、わが党の歴史のなかでも最大の危機であります。

この最大の危機をのりこえるなかで、私たちは2つの宝物を手にしました。

一つは、1958年の第7回党大会で確立した自主独立の路線という宝物です。日本の運動は、外国の言いなりには決してならない、どんな大国であっても干渉は断固として拒否する、日本自身で決めていく、こうした自主独立の立場を確立しました。

もう一つは、1961年の第8回党大会で確立した綱領路線という宝物です。先ほど、わが党の革命論の三つの特徴を申しました。段階的な発展、多数者革命、統一戦線。こういう革命路線の基本をつくったのが「61年綱領」だったのです。これは今日の綱領に発展的に引き継がれています。

正確な綱領路線ができたら、あとは一路前進か。そうはいかないところが、また歴史の難しさでもあり、また妙味でもあります。「61年綱領」をつくって60年余り、日本共産党は3回の躍進の波を経験しています。

第一の躍進は、1960年代末から1970年代の躍進です。この時、私は学生でした。みなさんは、まだ生まれていない時代だろうと思います。このときの躍進では、東京でいえば、都内の中選挙区の多くでトップ当選を共産党がするという勢いがあって、私がいた東大駒場のキャンパスでも、政党支持率第一党は共産党でした。そのぐらいビュンビュンと共産党の風が吹いていたことを思い出します。

第二の躍進は、1990年代後半です。私は書記局長として体験しました。このときは最高で820万票を獲得しました。全国のどこへ行っても、何千あるいは万を超える人々が集まって、大きな躍進の波が起こりました。

第三の躍進は、2010年代です。2013年の東京都議選の躍進から始まり、直後の参議院選挙の躍進につながり、翌年の総選挙の躍進につながった。この躍進では600万票を超える波をつくりました。

3回の躍進の波をつくった。しかし、そのたびに、相手の側からすれば恐ろしいですから、反共キャンペーンをやってくる。政界の反動的再編をやってくる。党はそのたびに後退を余儀なくされましたが、それと闘いながら次を開くという、苦闘と開拓が続いてきたというのが60年余のたたかいです。

上がったり下がったりとなると、賽《さい》の河原の石積みかと思うかもしれないけど、そうじゃない。この60年あまりに自民党政治はいよいよ行き詰まりました。先ほど33年間の体験の話をいたしました。「社会主義は崩壊」と言われていたのが、今は「社会主義の復権」と言われている。「資本主義万歳」と言われていたのが、今は「資本主義は限界」だと言われている。「共産党を除く」の壁があったのが、壁が崩れて、共闘の時代が、いろいろな困難はあってもつくられてきているじゃないですか。着実に歴史は動いている。新しい政治をつくる条件が生まれている。日本の政治は、客観的に見れば、新しい政治をうみだす「夜明け前」にある。これを「夜明け」にしよう。そのた

パネル14

マルクス「職業の選択にさいしての一青年の考察」

「人間の本性というものは、彼が自分と同時代の人々の完成のため、その人々の幸福のために働くときにのみ、自己の完成を達成しうるようにできているのである」
「経験は、最大多数の人を幸福にした人を、最も幸福な人としてほめたたえる」
「われわれが人類のために最も多く働くことのできる地位を選んだとき、重荷もわれわれを屈服させることはできないであろう」

めに、どうか日本共産党を躍進させてほしい。

そのためには、つよく大きな党をつくることが必要です。多数者革命のなかで日本共産党の果たすべき役割についてお話ししました。多数者の結集を推進する党が必要です。不屈に頑張って、先を見通して、多数者を結集する党が必要です。この党が強く大きくなることが必要です。それができる時代にいま来ていると思うのです。ぜひ日本共産党に入っていただいて、日本の「夜明け」を一緒に開こうじゃないかということを呼びかけたいと思います。

最後に、マルクスの言葉を一つ、私がとても好きな言葉を紹介したいと思います。マルクスが17歳の高校生のときに書いた「職業の選択にさいしての一青年の考察」という論文です。そこから引用しました（**パネル14**）。この論文のなかで、マルクスは、「人類の幸福」と「われわれ自身の完成」はどういう関係にあるのかを論じて、次のような答えを導き出しました。

「人間の本性というものは、彼が自分と同時代の人々の完成のため、その人々の幸福のために働くときにのみ、自己の完成を達成しうるようにできているのである」、「経験は、最大多数の人を幸福にした人を、最も幸福な人としてほめたたえる」、「われわれが人類のために最も多く働くことのできる地位を選んだとき、重荷もわれわれを屈服させることはできないであろう」

他の人の幸福のために働く、それが自分自身の幸福と感じる。そういう人々が集っているのが日本共産党です。日本共産党に入る人で、私利私欲のために入っている人は一人もいません。お金もうけをしようということで共産党に入った人はいません。立身出世をしようと思って入っている人もいません。いま国会議員をやっている方も、国会議員になりたいと思って入ったわけじゃない。私もそうです。自然と、みなさんに推されて、そういう仕事についている。みんなそうだと思います。

立身出世とか、ましてやお金もうけとか、そういうことで入った人は一人もいない。他の人の幸福のために働く、そのことが自分の幸せと感じる、そういう人たちが集っているのが共産党です。だから私はこの党が大好きです。

私は50年前に入党し、ちょうど今年（２０２３年）で党歴50年になったのですが、入ってよかったなと心から思います。どうかこの道をともに歩んでいただきたい。マルクスはこの道でこそ、「自己の完成」をとげることができると書いています。つまり、他の人の幸福のために働く、その中でこそ自分の成長、自分の人格の完成もとげることができる。その通りだと思います。本当の人間としての成長というのは、この道にこそある。ですから、あなたもどうか、この党に入っていただきたいということを最後に訴えまして、今日の締めくくりとしたいと思います。ありがとうございました。

“三つの魅力”を輝かせ、さらに大きな前進を

民青同盟第47回全国大会でのあいさつ

みなさん、こんばんは。ご紹介いただきました日本共産党の志位和夫です。私は、日本共産党を代表して、民青同盟第47回全国大会に参加された全国の若い仲間のみなさんに心からの連帯のあいさつを送ります。（拍手）

この大会は沸きに沸いていると聞きました。まず民青同盟のみなさんが、今年（2023年）、年間拡大2000人の目標を突破して、2725人の新しい仲間を迎えて大会を迎えたことを、みなさんとともに心から喜びたいと思います。（拍手）

どうして民青同盟が新しい前進を開始したのか。私たちもみなさんの活動からしっかり学んでいきたいと思います。

民青のみなさんとの懇談でもその経験を聞かせ

あいさつする志位和夫委員長＝2023年11月24日、東京都内

ていただきましたが、結びつきを生かしての拡大とともに、街頭や大学の門前で多数の青年に働きかけるといった開拓者的な拡大に果敢にとりくんだ民青のみなさんの大奮闘が、この前進を築いたと思います。

同時に私は、民青同盟という組織そのものが、青年・学生にとって大きな魅力をもっており、その魅力を伝えるならば、民青同盟がいま大きな組織へと飛躍しうる条件が広がっているということを示しているものだと思います。今日は、私なりにそれを〝三つの魅力〟という形で整理をしてお話しさせていただきたいと思います。

青年の切実な願いにこたえ、その実現のために青年とともにたたかう組織

第一の魅力は、民青同盟が、青年の切実な願いにこたえ、その実現のために青年とともにたたかう組織だということです。

2020年5月から民青同盟のみなさんが始めた学生向けの食料支援は、47都道府県で、3000回以上開催され、のべ15万人以上が利用するものになっていると聞きました。このとりくみを通じて、若いみなさんが、連帯することの大切さ、楽しさを実感し、支援されていた学生が、ボランティアとして支援する側に回るという経験が全国各地で広がったとも聞きました。こういうとりくみを通じて、学生の困難に心を寄せ、切実な願いの実現のためにがんばる民青の魅力が伝わり、多くの仲間を迎え入れる流れが起こっていることは、素晴らしいことだと思います。

私が、もう一つ、うれしい思いで聞いたのが、民青同盟のみなさんが、暮らしの切実な願いとともに、平和の願いにこたえる活動へと、とりくみ

の幅を大きく広げているということです。今年（2023年）、4年ぶりに開かれた若者憲法集会&デモは、1500人が参加し、「憲法を守れ、憲法を生かした政治を」の若い声が街にこだましました。

このとりくみのなかで民青同盟のみなさんが、パンフレット『この国を「戦争国家」にしていいのか⁉』を学び、青年のたたかいをリードする知的先進性を発揮している。自覚的団体と協力して、それぞれの地域、職場、学園で、敵基地攻撃能力保有と大軍拡に反対する青年のネットワークを草の根で広げようと努力し、街頭などでシールアンケートや対話にとりくみ、ネットワークに参加する青年を増やしていることは大切なとりくみだと思います。平和のとりくみがきっかけになって新しい仲間が増えていることも、素晴らしいことだと私は思います。

青年の切実な願いにこたえて、実現のために青年とともにたたかう――これは民青同盟の「一丁目一番地」ともいうべき大事な活動です。みなさんが、暮らしでも、平和でも、民主主義でも、この魅力をさらに輝かせ、さらに前進することを願ってやみません。

日本の政治の「二つのゆがみ」をただし、青年に希望を届けることができる組織

第二の魅力は、民青同盟が、青年の切実な願いの実現を阻んでいる日本の政治の「二つのゆがみ」――「アメリカ言いなり」「大企業優先」の政治のゆがみをただし、独立・平和・民主主義の日本の実現をめざす組織だということです。私は、ここに民青同盟という組織のもつ先進的魅力

の一つがあると思います。
みなさんが青年と「加盟呼びかけ文」の読み合わせをすると、「アメリカ言いなり」「大企業優遇」という日本の政治の「二つのゆがみ」にアンダーラインが引かれると聞きました。「どういうことか」「もっと知りたい」となり、「二つのゆがみ」を変えれば日本は良くなるという展望を訴えると、希望として受け止められるとのことです。私は、多くの青年に「こうすれば政治は変わる」という希望を語ることのできる青年組織は、民青同盟をおいてほかにないということを言いたいと思います。

このことを今日はいくつかの熱い問題で考えてみたいと思います。

なぜ日本政府はイスラエルの無法を批判できないのか――「アメリカ言いなり」が根本に

いま起こっているパレスチナ・ガザ地区での深刻な人道的危機に多くの青年が心を痛めています。私たちは、ハマスが行った無差別攻撃を強く非難し、人質の解放を求めてきました。同時に、どんな理由をもってしても、イスラエルがやっている病院、難民キャンプ、学校、モスクなどへの多数の民間人を犠牲にしての大規模攻撃は許すわけにはいきません。これは多くの青年のみなさんの気持ちだと思います。イスラエルの行っている多くの子どもたちを犠牲にした大規模攻撃が、国際人道法に違反し、ジェノサイド（集団殺害）の重大な危険をはらむものであることは明瞭であります。

ところが日本政府は、イスラエルの大規模攻撃を国際法違反と批判しようとしません。ハマスの非難をしても、イスラエルの非難をしようとしない。即時停戦を求めようともしません。これはいったいどうしたことか。イスラエルへの軍事支援を行っているアメリカの顔色をうかがってモノが言えないのであります。「アメリカ言いなり」

志位和夫委員長のあいさつを聞く大会代議員・評議員＝2023年11月24日、東京都内

という情けない姿が、ここでもはっきりあらわれているではありませんか。

先日、党本部で、駐日パレスチナ常駐総代表部のワリード・シアム大使と会談したさいに、大使は私に次のようなことを言われました。

「中東の人々は、これまで日本に信頼をもっていた。この地域を植民地にしたこともないし、軍隊を出して悪いことをしたこともないからだ。ところがハマスの非難をしても、イスラエルの非難をしないといういまの日本政府の姿は、この信頼を大きく傷つけ、損なっている」

日本政府は、憲法9条を持つ国の政府として、アメリカの顔色をうかがうのはやめて、イスラエルに対してガザへの攻撃をやめよとはっきり求め、双方に対して即時停戦を求めるべきではないでしょうか（**拍手**）。私は、そのことを、みなさんとともにこの場でも声を大にして訴えたいと思います。

なぜ学費が高くなってしまったか——「受益者負担主義」という財界が持ち込んだゆがみが

それでは暮らしの問題はどうでしょうか。

高すぎる学費が、青年を苦しめています。私自身、東北で学生のみなさんの集いに参加したさい、「高い学費を払うため、深夜バイト、徹夜バイト、早朝バイトに追われ、授業が眠くてなりたたない」という痛切な訴えを聞きました。

それではどうして日本の学費はこんなに高くなってしまったのか。これは自然現象ではありません。１９７１年、今から半世紀前に行われた「中央教育審議会」の答申で、「受益者負担主義」という考え方が持ち込まれたことが大きなきっかけとなって、当時、国立大学で年１万２０００円だった学費はどんどん上がり始めました。

これは財界の旗振りに従った動きでした。１９６０年代に財界は「教育は投資である」という主張を行います。つまり、高等教育は全ての人にとって必要なものではなく、裕福な人々が行う「投資」のようなものだ、だからそれによって「益」＝利益を得る学生が学費を払うのは当たり前だ。こうした財界の旗振りに従ったのが、１９７１年の「受益者負担主義」を打ち出した答申だったのです。いまの高すぎる学費をつくりだした根っこには、「財界中心」の政治のゆがみがあることを強調したいと思います。

しかしみなさん、この議論に道理があるでしょうか。学生が大学で学ぶことで利益を得るのは、その学生個人だけではありません。学生が、大学で豊かな知識や技術を身につけて、社会に出て活躍する。このことによって広い意味での利益を得るのは社会全体ではありませんか。だから学費は社会全体で負担するのが当たり前で、学生の負担は本来ゼロにするべきなんです。そもそも憲法には、国民は等しく教育を受ける権利をもっており、それを保障するのが国の責任だと書いてある。ヨーロッパの多くの国々では、こういう考え方で学費を無償にしているわけです。

ですから、私は訴えたい。学費を無償にしていくうえでも、財界が持ち込んだ「受益者負担主義」という間違った議論を打ち破っていくことが、どうしても必要です。「財界中心」の政治のゆがみにメスを入れ、すべての若者が安心して学べる日本をつくるために力を合わせようではありませんか。（拍手）

どうして多くの青年が非正規で働かされているのか――震源地はここでも財界

もう一つ、暮らしの問題で考えてみましょう。どうして給料がこんなに少なく、多くの若者が非正規で働かされているのか。これも自然現象ではありません。震源地はここでも財界なんです。1995年、日経連が「新時代の『日本的経営』」というリポートを発表します。労働者の圧倒的部分を非正規に置き換えていくという号令をかけました。この号令を受けて、1999年、労働者派遣法が大改悪されて、それまで限られた職種にしか認められてこなかった派遣労働が、原則自由化され、非正規ワーカーは増加の一途をたどりました。

いまでは、労働者の4割、若者の5割以上が非正規ワーカーです。賃金は正社員の67％、それに加えてボーナスが出ない、手当も出ない。これを考えればもっと格差がある。そして非正規ワーカーの7割は女性です。非正規ワーカーの増大は、働く人の賃金全体を押し下げ、男女の賃金格差を広げる最大の要因となっています。

いま、日本共産党は、「非正規ワーカー待遇改善法」を提案しています。細切れ・使い捨ての労働をなくし雇用の安定をはかる、正規と非正規の格差をなくすために企業に格差の公開を義務付けて政府が監督して是正する仕組みをつくる、ギグワーカーやフリーランスなど実態は労働者なのに個人事業主として扱われ権利が保障されていない人々に、労働者としての権利をしっかり保障する。こういう提案ですが、いかがでしょうか（拍手）。力をあわせて人間らしい雇用が保障される日本にしていこうではありませんか。

青年が「なぜ」と問い、学びを通じて答えを見つけることのできる素晴らしい組織

いくつかの熱い問題についてお話ししましたが、私は、世の中で理不尽なことが行われているときに、「おかしい」と声をあげ、「なぜ」と問うことがとても大事だと思います。「なぜ日本政府はイスラエルの無法を批判できないのか」、「なぜ日本の学費はこんなに高いのか」、「なぜ給料がこんなに少ないのか」、「なぜ非正規で働かされている青年が多いのか」、そういう「なぜ」と問うこと自体が、実は答えの半分を見つけることになります。「なぜ」と問わなければ答えは永久に見つかりません。そして、「なぜ」と考えてみますと、その根本には、いまお話ししたように、「アメリカ言いなり」「財界中心」という二つの日本の政治のゆがみがあります。

私が、民青同盟という組織がすてきだと思うのは、青年が「おかしい」と声をあげ、「なぜ」と問うことが、率直に言い合える組織であり、みんなで語り合い、答えを見つけることができる組織だということです。多くの青年にとって、「おかしい」と声をあげ、「なぜ」という疑問を口に出すのは勇気がいることではないでしょうか。〝なかなか口に出して言えない〟という悩みを、私も聞きます。民青はそうした声を自由に出し合い、学びを通じて答えを見つけることができる本当にすてきな組織だと思います。

私は、多くの青年が、世の中の理不尽なことに対して、見過ごさず、諦めず、「おかしい」と声をあげ、「なぜ」と問えば、社会は変わると思います。そういう青年の成長のかけがえのないよりどころとなっているのが民青同盟だと思います。ここに民青の素晴らしい魅力があると思いますが

どうでしょうか。(拍手)

日本共産党綱領と科学的社会主義を学ぶ——民青同盟の最大の先進的魅力はここに

第三の魅力は、民青同盟が、日本共産党綱領と科学的社会主義を学ぶことを目的に掲げている組織だということです。このような青年組織は民青同盟だけですが、私は、ここにこそ、民青同盟の最大の先進的魅力があることを言いたいと思います。

「加盟呼びかけ文」を使った対話のなかで、「科学的社会主義」にアンダーラインを引く青年・学生が少なくないと聞きました。いま、格差と貧困が地球的規模で拡大し、気候危機がいよいよ深刻になるなかで、「資本主義というシステムをこのまま続けておいていいのか」ということが、大きな関心の的になっています。日本共産党綱領と科学的社会主義は、これらの関心にこたえる深い内容をもっています。

党大会決議案——“21世紀の日本共産党の「自由宣言」”とも呼ぶべき文書

今日、みなさんに紹介したいのは、来年(2024年)1月に開催予定の日本共産党第29回大会にむけて私たちが発表した大会決議案のなかで打ち出されている未来社会論——社会主義・共産主義社会論です。

社会主義・共産主義というと「自由がない」というイメージを持つ人が多い。しかし、マルクス、エンゲルスが明らかにし、私たちの綱領に明記している未来社会の特徴は、それとは正反対のものなんです。私たちの大会決議案ではつぎのように書きました。

「わが党綱領が明らかにしている社会主義・共産主義の社会は、資本主義がかかえる諸矛盾を乗り越え、『人間の自由』があらゆる意味で豊かに保障され開花する社会である。『人間の自由』こそ社会主義・共産主義の目的であり、最大の特質である」

そして、大会決議案は三つの角度から「人間の自由」の内容を明らかにしています。大会決議案は、〝21世紀の日本共産党の「自由宣言」〟とも呼ぶべき文書となっています。今日は、その中心点をお話しししたいと思います。

「利潤第一主義」からの自由――資本主義がもたらすあらゆる害悪から自由になる

第一の角度は、「利潤第一主義」からの自由です。

パンデミックのもとで、貧富の格差は世界的規模で空前のものへと拡大しました。国連のグテレス事務総長は、気候危機について「地球沸騰化の時代が始まった」と警告しました。なぜこんなことが起こっているのか。

それは資本主義の本性から起こっています。資本主義のもとでは、生産の目的・動機は、個々の資本のもうけ――利潤をひたすら増やすことにおかれます。このことを私たちは「利潤第一主義」と呼んでいます。

「利潤第一主義」に突き動かされて、資本は、人間の労働から最大のもうけを絞り出します。その結果が、貧困と格差の拡大、「使い捨て」の不安定雇用の増大、過労死を生むような長時間過密労働です。「利潤第一主義」に突き動かされて、資本は、もうけのためなら自然環境はおかまいなし、「後は野となれ山となれ」の行動をとってきました。その結果が、深刻な気候危機にほかなりません。資本主義が生み出すあらゆる害悪の根源に「利潤第一主義」があるのです。

それではどうしたら「利潤第一主義」をなくせ

るか。生産手段――工場や機械や土地など生産のために必要なものを、個々の資本家の手から社会全体の手に移せばよい。私たちはこれを「生産手段の社会化」と呼んでいますが、そのことによって、生産の目的・動機が、資本のもうけ――利潤の最大化から、社会と人間の発展に変わります。「利潤第一主義」から自由になることによって、「人間の自由」は飛躍的に豊かなものになります。人間は、搾取や抑圧から自由になり、貧困と格差から自由になり、「使い捨て」労働や長時間労働から自由になり、繰り返される恐慌や不況から自由になり、環境破壊から自由になります。

「人間の自由で全面的な発展」――ここにこそ未来社会における真の自由の輝きが

第二の角度は、「人間の自由で全面的な発展」ということです。

未来社会における「自由」は、「利潤第一主義」からの自由にとどまるものではありません。未来社会における真の自由の輝きは、実はその先にあるんです。それが「人間の自由で全面的な発展」ということです。

ここで注意していただきたいのは、「『利潤第一主義』からの自由」で使われる「自由」と、「人間の自由で全面的な発展」で使われる「自由」とは、言葉の意味が異なっているということです。前者の「自由」は、他者からの害悪を受けない「自由」ということです。そういう意味では消極的な自由であるとも言えましょう。それに対して、後者の「自由」は、自分の意思を自由に実現することができるという意味での「自由」です。その意味では積極的自由ということができると思います。私が強調したいのは、後者の自由――「人間の自由で全面的な発展」にこそ未来社会における真の自由の輝きがあるということです。

それでは「人間の自由で全面的な発展」とはどういうことでしょうか。マルクスの盟友だったエンゲルスは、最晩年（1894年）に、イタリアの社会主義者のジュゼッペ・カネパという人からの手紙で、来たるべき社会主義社会の基本理念を簡潔に表現する標語（スローガン）を示してほしいという質問を受けるんです。エンゲルスがカネパへの返事で、一言でのスローガンは大変に難しいと言いながら紹介したのは、マルクスとエンゲルスが若い時期に書いた有名な著作『共産党宣言』（1848年）のなかの次の一節でした。

「各人の自由な発展が万人の自由な発展の条件であるような一つの結合社会」

これが社会主義・共産主義社会だと。

それでは「各人の自由な発展」とはどういうことでしょうか。人間というのは誰でも素晴らしい可能性をもっています。ある人は科学者になる可能性をもっているかもしれない。ある人は芸術家になる可能性をもっているかもしれない。ある人はケアの仕事で素晴らしい可能性をもっているかもしれない。ある人はモノづくりの才能をもっているかもしれない。ある人はアスリートの素質をもっているかもしれない。人間はみんな誰でも自分のなかにたくさんの素晴らしい可能性をもっている。これが科学的社会主義の人間観なのです。

ところが資本主義のもとでは、多くの人が、そうした可能性を発揮できないままで埋もれてしまうことが少なくありません。もちろん、資本主義のもとでも自分の可能性を存分に発揮できる人もいます。たとえば大谷翔平さん、藤井聡太さんは、才能を存分に発揮して大活躍をしています。しかしそれは一部であって、多くの人は、素晴らしい可能性をもっているのに実現できないままにされてしまっている。これを変えたい。すべての人間に「自由な発展」を保障するような社会をつくりたい。これがマルクス・エンゲルスが最初の時期から共産主義に求め続けた理想だったのです。

どうすればそういう社会がつくれるか。その保障はどこにあるのか。マルクス・エンゲルスは探究をしていくのですが、彼らが最初に出した答えは、「分業のない社会をつくればいい」というものでした。彼らの初期の著作『ドイツ・イデオロギー』（1845〜46年）にはそういう考え方が書かれています。しかし、分業というのはどんな社会になっても必要なものです。およそ分業をなくしてしまったら人間社会は成り立ちません。マルクス・エンゲルスはこの考えは間違いだと気づいて、乗り越えていきます。2人が出した結論は、「労働時間を抜本的に短くすること」、ここにこそ保障があるということでした。その言葉は、『資本論』（第三部・第四八章）のなかにはっきりと書き込まれました。

たとえば、1日3〜4時間、週2〜3日の労働となったらどうなるでしょうか。すべての人に十分な自由時間が保障されることになります。十分な自由時間が保障されたら、人間はどうするでしょうか。自由時間だから「遊び」に使ってもよい。「遊び」の中からも価値あるものが生まれると私は思います。ただずっと「遊び」続けていては飽きてしまうでしょう。そうなると、人間は十分な自由時間を、自分のなかに眠っている可能性をのばし、実現するために使うようになるのではないでしょうか。そうしますと、「各人の自由な発展」が全社会的規模でおこってくる。そうなればそれが社会に素晴らしい力をあたえて、「万人の自由な発展」――社会全体の素晴らしい発展につながっていく。人間の発展と社会の発展の好循環が生まれ、労働時間はさらに短くなっていく。こういう展望をもつことができます。

ここにこそ私たちのめざす未来社会――社会主義・共産主義社会の最大の輝きがあります。「社会主義・共産主義とは一言で言えば何か」と問われたら、どうか、すべての人間が「自由に全面的に発展」できる社会、その条件は「労働時間の抜本的短縮」、このように広げていただきたいと思うんです。

第一の角度の自由――「利潤第一主義」からの自由は、第二の角度の自由――「人間の自由で全面的な発展」を保障する社会をつくる条件になります。生産手段の社会化によって、人間による人間の搾取がなくなり、誰もが労働に携わるようになれば、一人ひとりの労働時間は大幅に短くなります。また、それは、繰り返しの恐慌や不況、「大量生産・大量消費・大量廃棄」、環境破壊など、資本主義に固有の浪費をなくすことになり、そのことによって労働時間は大幅に短くなります。第一の角度の自由――「利潤第一主義」からの自由は、第二の角度の自由――「人間の自由で全面的な発展」の条件になるという関係をつかんでいただければと思います。

発達した資本主義国での社会変革――「人間の自由」でもはかりしれない豊かな可能性

第三の角度は、私たちが日本でめざしているのは、発達した資本主義国で、民主主義日本を経て、社会主義・共産主義をめざそうという事業です。この道は、人類がまだ、誰も歩みだしたことすらない、未踏の道なのですが、「人間の自由」という点でも、はかりしれない豊かな可能性をもっています。

日本共産党は、4年前の党大会で綱領を一部改定して、「発達した資本主義国での社会変革は、社会主義・共産主義への大道」という命題を書き込みました。なぜ「大道」か。私たちは、綱領一部改定で、発達した資本主義のもとで、未来社会に引き継がれる五つの要素が豊かに発展してくることを示しました。「高度な生産力」、「経済を社会的に規制・管理するしくみ」、「国民の生活と権利を守るルール」、「自由と民主主義の諸制度と国民のたたかいの歴史的経験」、「人間の豊かな個性」です。これらのすべてが社会主義・共産主義社会に引き継がれ、花開くことになります。ですからそれは、「人間の自由」という点でも、「利潤第一主義」からの自由という角度でも、「人間の自由で全面的な発展」という角度でも、はかりしれない豊かな可能性をもつ社会になってくるでしょう。

それでも旧ソ連や中国のような自由のない社会にならないかという心配があるかもしれません。決してそうはなりません。そうはならない二つの保障があるということを、私は今日、はっきりと言いたいと思います。

第一の保障は、日本共産党の綱領での公約です。私たちの綱領は、「社会主義・共産主義の日本では、民主主義と自由の成果をはじめ、資本主義時代の価値ある成果のすべてが、受けつがれ、いっそう発展させられる」と約束しています。私たちは、この綱領での公約を将来にわたってしっかりと守りぬきます。

それでも心配だという方にもう一つの保障をお話ししたい。第二の保障は、日本での社会主義・共産主義をめざす事業が、発達した資本主義国を土台にとりくまれるという事実のなかにあります。

旧ソ連や中国がなぜ自由のない社会になったか。遅れた状態から革命が出発したこと、それにくわえて指導者が誤りをおかしたこと、こういう問題があります。

1917年のロシア革命の場合、革命前のロシアはツァーリと呼ばれた絶対君主が全権を握り、人民には何の権利も保障されていませんでした。形だけの議会はありましたが全く無力でした。1949年の中国革命はどうか。中国では、1911～12年の辛亥革命で中華民国が誕生し、共和制となりました。しかし、軍閥が割拠し、日本による侵略もあり、議会は存在しませんでした。人民が議会制民主主義というものを体験しないで革命になったのです。ロシア革命も、中国革命も、人民が、自由、民主主義、人権、議会を経験しないもとで起こった革命でした。

それにくわえて、根本的問題がありました。人民の文化的水準の立ち遅れという問題です。人民の識字率――文字が読める率はどうだったか。ロシア革命の場合、革命の直後の識字率はわずか32%、7割が字が読めない。中国革命の場合は革命直前の識字率は17%、8割以上が字が読めない。こういう数字が記録されています。人民の多くが字が読めない。これは民主主義をつくっていくうえでも大きな制約となったことでしょう。

こういう遅れた状態から出発した革命だっただけに、指導者には自由と民主主義、人権を発展させるための独自の努力が求められました。ところがそれが十分にはされず、逆行がおこりました。旧ソ連ではスターリンによる大量弾圧が行われ、「一党制」が固定化されてそれが中国にも輸出されました。旧ソ連や中国が自由という点で大きな問題を抱える社会となったのは、こういう歴史的背景があったのでした。

では日本はどうかと考えましたら、まったく条件が違うではありませんか。まがりなりにも戦後七十数年間、日本国憲法のもとで、自由、民主主義、人権の制度が、曲折を経ながらも、国民のたたかいで発展させられてきました。そういう社会を土台に先に進むわけです。ですから、自由のない社会には決してならないという最大の保障は、発達した資本主義国を土台にして革命を進めるという事実そのもののなかにあるということを、私は強調したいと思います。

「学び成長する」ことこそ、民青同盟の最大の魅力

こうした三つの角度から「人間の自由」が豊かに花開く社会、これが私たちのめざす未来社会――社会主義・共産主義社会だということを大会決議案では明らかにしました。みなさん、これはワクワクする内容ではないでしょうか。(拍手)

私たちがめざす未来社会については、『綱領セミナー』や『科学的社会主義Q&A』などでもお話ししてきましたが、今回の大会決議案のなかで、三つの角度から発展させてまとめた内容を、どうか学習していただいて、生かしていただけれ

ばと思います。

民青同盟からお聞きした経験で、こういうものがありました。新潟県である青年が共産党の事務所を訪ねてきてくれて民青同盟に加盟しました。その青年は次のように語っていたといいます。

「高校のときは、いい大学に入って、いい会社に入って、そうすれば明るい幸せな未来が待っていると思ったんだけれど、いま26歳で働いていて、30代、40代、50代、このままの日本でいいのだろうかと思い始めました。そのときにユーチューブで共産党が、社会主義は労働時間の短縮がカギだというふうに言っていて共感しました。そういう時間が増えるっていうのは魅力的です」

社会主義・共産主義社会というのは、一言で言えば労働時間の抜本的短縮です。それが、とっても魅力的だと青年の心に響いている。多くの青年にとって魅力的な展望、希望ある未来を学ぶことができる組織——それが民青同盟だと思います。

私は、「学び成長する」ことこそ民青同盟の最大の特徴であり、最大の魅力はここにあると思います。私も、民青同盟の中で学ぶ楽しみを見つけました。みなさんがこの素晴らしさを大いに広げながら、民青同盟のさらなる発展を勝ち取ることを強く願いたいと思います。（拍手）

戦前の共青の活動から現代に何を引き継ぐか
——共青創立１００年にあたって

さて、今年２０２３年は、民青同盟の前身——日本共産青年同盟が、１９２３年４月５日に結成されて、１００周年の記念すべき年です。１００年前に先輩たちが掲げた松明《たいまつ》を、いまみなさんが引き継ぎ、立派に発展させていることに対して、私は、心からのお祝いを申し上げたいと思いま

す。（拍手）
　今日お話ししたいのは、民青の前身の共青が、どういう活動をしてきたのかということについてです。このテーマについては10年前の共青創立90周年のさいにまとまって話す機会がありましたが、それを踏まえつつ、若干の話をさせていただいてあいさつを締めくくりたいと思います。
　戦前の社会は天皇絶対の専制政治のもとにありました。困難な状況のもとで、弾圧と迫害に抗し、共青は、日本共産党とともに、二つの旗を勇気をもってかかげました。一つは、天皇絶対の専制政治をやめさせて、国民主権の世の中をつくることです。もう一つは、天皇制が引き起こした侵略戦争に反対を貫くことです。これは、戦前では命がけの勇気を必要とするものであり、多くの先輩たちが弾圧で命を落としました。
　しかし私は、共青こそ、戦前の日本の若者の良心と知性のもっともすぐれた結集体だったと思います。そのたたかいの正しさは、戦後の日本国憲法に国民主権と恒久平和主義が書き込まれたことで歴史が証明しました。

世の中の不正に対して頭を下げない不屈さ——高島満兎の闘いにふれて

　戦前の共青の活動から現代に何を引き継ぐか。二つほど言いたいと思います。

　私はまず、世の中の不正・不合理に対して、頭を下げない、屈しない、不屈さということを学びたいと思います。

　共青の初代委員長は川合義虎《よしとら》という人でした。彼は、共青創立の半年後の１９２３年９月に起こった関東大震災のさいに、懸命の救援活動を行います。３人の幼児を救い出し、ミルクやビスケットをあたえ、上着をかぶせて一晩中抱いて、安全なところに避難させたという記録が残っています。その直後に、暗黒勢力によって、多くの朝鮮人・中国人の虐殺が行われるもとで、川合義虎も、逮捕され、虐殺されました。21歳の若さでした。

女性の先輩たちの活動もたくさん記録されています。日本共産党は、先日発表した党史『日本共産党の百年』のなかで、24歳の若さで迫害によって命を落とした4人の女性革命家の闘《たたか》いについて詳しく書きました。私は、9月の党創立101周年記念講演で、そのうちの一人飯島喜美《きみ》さんの闘いについてお話ししました。今日は、高島満兎《まと》さん――主に共産青年同盟で活動した、みなさんの直接の先輩だった革命家について話したいと思います。

高島さんは福岡県の生まれで、日本女子大学に入学し、大学で社会科学研究会に参加し、そこで科学的社会主義に出会い、学ぶなかで、共青に加盟します。共青の中央機関紙「無産青年」の編集局の組織部の仕事につき、弾圧をかいくぐって配布網を広げていきます。東京、千葉、神奈川、群馬、山梨、奈良へと配布網を広げていきます。

やがて彼女は、共青の千葉県の事実上の責任者として大奮闘します。千葉医大班、京成班、国鉄班、農村班、街頭班など次々に班をつくっていきます。街頭班もつくったといいます。いまみなさんは、街頭でシールアンケートなどをやって仲間を増やしていますが、街頭班を戦前の困難な時期につくっていたことも驚きです。千葉医大では、彼女が組織した読書会に75人もの学生が組織されて、高島さんは「ローザ」という愛称で呼ばれていたそうです。ローザ・ルクセンブルクという当時有名な女性革命家に憧れていた学生から、憧れをもって「ローザ」と呼ばれていたのだと思います。

彼女は、特高警察によって寝込みを襲われ、2階の窓から飛び降り、脊椎を複雑骨折する重傷を負い、寝たきりの生活を1年にわたって余儀なくされ、亡くなりました。高島さんは、においの高い山百合の花が好きで、お母さんが病床から見える庭に植えてくれた。やがて蕾《つぼみ》がふくらんで、咲くのを楽しみにしていた。ある朝、ついに花が咲いて、お母さんが「まと子、山百合が咲いたわよ」と声をかけたのですが、衰弱していた高島さんは「お母さん。私目が見えないわ」と答えて、それから間もなくして息をひきとったという記録が残されています。亡くなったのは24歳です。「私たちは一刻一刻を完全に生きるのよ」ということを語っていたということが伝えられています。

若くして命を落とした先輩たちは、もっと生きたかったと思います。しかし、本当に人間らしく生きるためには、不当なものに屈するわけにはいかない。屈しないで闘うことこそ一番人間らしい生き方なんだという信念でがんばった。民青同盟のみなさんが、そういう素晴らしい先輩たちをもっていることを、どうか誇りにしていただきたいと、私は訴えたいと思います。（**拍手**）

いまは戦前とは違って、民青の活動をやったからといって弾圧されたり、投獄されたりすることはありません。そこは心配しないでいただきたいと思います。そんな社会に後戻りさせることは絶対に許しません。

しかし、現代には、違った困難もあると思います。巨大メディアの多くが真実を伝えないもとで、青年の自覚を妨げるいろいろな言説が社会にはびこっています。たとえば、財界などが流してくる「自己責任」論はその一つです。これに縛られて多くの青年たちが苦しんでいる。その時に、「悪いのはあなたじゃない。政治のゆがみにある。政治を変えよう」と対話を続け、一人ひとりを社会進歩の事業に結集していくことは、どんな困難があってもへこたれない不屈性が求められる活動だと思います。

戦前の先輩たちががんばってきたこの不屈の闘い、これを現代に生かす必要があると思います。若いみなさんが、先輩たちが刻んだ不屈の青春を、現代にふさわしい形で引き継ぎ、元気いっぱい活動されることを願ってやまないものです。

青年と結びつき、要求実現のために、実に多彩で楽しい活動にとりくんだ

戦前の共青の活動から現代に引き継ぐものとして、もう一つあげたいことがあります。それは、共青が、つらく厳しい活動だけをやっていたわけではないということです。たいへんに困難な情勢のもとでも、青年と深く結びつき、青年の切実な要求実現のために、実に多彩で楽しい活動にとりくんでいたということです。

１９２９年に共青は、「日本共産青年同盟の任務に関するテーゼ」――「共青テーゼ」という方針を決めます。そのなかで、「青年運動は何よりも、青年らしいこと、青年の心に強く訴える、共鳴し易いもの」であることが必要だと強調しています。スポーツ、しろうと芝居、野外劇、ピクニック、雄弁会、漫画会、読書会など、青年の文化、スポーツ、学習のすべてに密着した活動を行おうと決めて、大胆な活動を始めるんです。なかでもスポーツとピクニックは、とくに人気が高かったといいます。

ピクニックのとりくみも記録に残っています。共青の同盟員や「無産青年」の読者が中心になって計画をたてて、郊外に出かけていく。ふだん工場や街では歌えない労働歌や革命歌を思いきり歌う。討論をやったり、相撲をとったり、遊戯をやったり、水泳をしたり、一日を楽しく過ごしながら、英気をやしないました。

ここに、１９３２年10月４日付の「無産青年」の写しを持ってきました。当時の「無産青年」は、活版刷りで６ページでしたが、最後のページを見ると、「秋のピクニック」という大特集が出てきます。「繰り出せ!!　煤煙の街から秋晴れの郊外へ　楽しい一日が闘争を促進する」という見出しがたっています。こういうことが書かれています。

「秋晴れの日に一つ皆でピクニックに出掛けやう」「工場の仲間を、未組織の仲間を誘ひ合せて

出かけやう」「青年労働者の文化的な要求は量り知れない深さを持つてゐる」「面白く遊ぶことを心掛けよ。遊びたいのに遊ばせないで、やにわに演説などぶつぱじめたりしたら、もうおしまひである」**（笑い）**

次の見出しは、「お弁当は何にしよう　にぎやかなお握りやら　プロレタリアサンドウイッチ」です。「さあ、ピクニックに行くと決まつたら、今度はお弁当が問題です」「次に発表するお弁当のつくり方は青バス某車掌君から教はつたので、値高からず、うまく、栄養に富み、手数は要らず、頗《すこぶ》るプロレタリア的のものと思ひます」

続いて詳しいレシピが書かれています。「握りめしの小さいのを沢山つくつて、その中に沢庵、糠漬け、福神漬、紅生芽、シソの実等を各々入れます。手当り次第何に当るか判らないので大勢で食べると、とても楽しみなものです」**（笑い）**

次はサンドイッチです。「パンを薄く切つたのに人参馬鈴薯、青豆等をゆでて薄く塩で味をつけたものを挟みます」「パンの上に鰹の塩から、醤油の実、ユズ味噌又は鱒の子、鱒か鰊の干物、塩鮭ほぐしたの等を塗ります」「ハムだの腸づめだのとブルジヨアの食ふ高いサンドウイッチよりいくらいいか知れません」**（笑い）**

１９３２年10月といいますと、前の年の１９３１年9月に日本軍国主義による中国侵略戦争がはじまり、弾圧もいよいよ厳しくなってくる最中です。そういう時期に、青年と結びつき、のびのびと楽しい活動をしていたことは本当に驚くべきことだと思います。

戦前の共青の活動から、困難にへこたれない不屈性とともに、青年と結びつき要求実現に楽しくとりくんだ姿を紹介しました。民青同盟のみなさんが今とりくんでいる活動は、こうした歴史的伝統を立派に引き継ぐものだと思います。**（拍手）**

「未来は青年のもの」——数万の民青同盟へとさらなる発展を

みなさん。「未来は青年のもの」という言葉があります。これは昔も今も真理だと思います。みなさんが共青いらいの素晴らしい伝統を引き継ぎ、青年の切実な願いを実現するために青年とともにたたかう、日本の政治の「二つのゆがみ」をただし青年の希望をとどける、そして日本共産党綱領と科学的社会主義を学ぶ——この〝三つの魅力〟を輝かせて、数万の民青同盟へとさらなる発展をとげることを心から願いまして、ごあいさつといたします。ともにがんばりましょう。（**拍手**）

（「しんぶん赤旗」2023年11月28日付）

志位和夫（しい　かずお）
1954年　千葉県生まれ
1979年　東京大学工学部物理工学科卒業
現　在　日本共産党幹部会委員長、衆議院議員
著　書　『激動する世界と科学的社会主義』（1991年）『科学的社会主義とは何か』（1992年）『歴史の促進者として』（1992年）『21世紀をめざして』（1995年）『科学・人生・生きがい』（1997年）『“自共対決”』（1998年）『民主日本への提案』（2000年）『歴史の激動ときりむすんで』（2002年）『希望ある流れと日本共産党』（2003年）『教育基本法改定のどこが問題か』（2006年）『韓国・パキスタンを訪問して』（2006年）『日本共産党とはどんな党か』（2007年）『ベトナム友好と連帯の旅』（2007年）『決定的場面と日本共産党』（2008年）『人間らしい労働を』（2009年）『アメリカを訪問して』（2010年）『新たな躍進の時代をめざして』（2012年）『領土問題をどう解決するか』（2012年）『綱領教室』〔全3巻〕（2013年）『戦争か平和か――歴史の岐路と日本共産党』（2014年）『改定綱領が開いた「新たな視野」』（2020年）『新版「資本論」のすすめ』（共著、2021年）『新・綱領教室』〔上下巻〕（2022年）

若者タウンミーティング

2023年12月29日　初　版

著　者　志　位　和　夫
発　行　日本共産党中央委員会出版局
〒151-8586　東京都渋谷区千駄ヶ谷4-26-7
TEL 03-3470-9636/mail:book@jcpmp.jp
https://www.jcp.or.jp
印刷・製本　株式会社 光陽メディア